なぜか感じがいい人の聞き方100の習慣

藤本梨恵子

FUJIMOTO RIEKO

明日香出版社

「傾聴することは、変化を起こす最強の力である」

カール・ロジャーズ

はじめに

「もし、どんな人とでもすぐに打ち解け、親密になることができたら」

「もし、多くの人に慕われ、頼りにされる存在になることができたら」

「もし、誰もがあなたに心を開き、一心に愛情を注いでくれたら」


あなたの人生はどんな風に変わるでしょうか？


聞く力がある人は、一流の料理人に似ています。

一流の料理人は、包丁一本あれば、どこでも、どんな食材でも季節や相手の好みに合わせて料理することができます。一番簡単に相手を幸福にできるのは、美味しい料理を食べさせることです。

結婚式が成功するかどうかは、料理の美味さにかかっています。どんなに華やかな宴でも、料理がまずければ台無しです。

同様に、聞く力があれば初対面の人ばかりの集まりでも、商談でも、恋愛でも、あなたは「傾聴力」ただ一つだけで、どこでも誰にでも心配せず会いに行けます。相手が何を話したいかがわかれば、話題はいつでもその場で料理することができるからです。話題が相手の口に合えば会話は盛り上がり、あなたへの信頼や好感度が上がります。だから黙っていても相手から「また会いたい！」と言われるようになります。

毎日家族のために料理を作る人も一流の料理人です。

「お袋の味」と言われるように、口にするとホッとして懐かしく感じる味は、子どもの頃にいつもあなたの健康を気遣い、思いやってくれた親の愛という調味料が入った料理です。だから、その料理は少々見た目が悪く、質素であっても美味しく、あなたを幸せで健康にします。

聞く力を手に入れるということは、お袋の味を振る舞うように、相手に優しさと安心感を届け、落ち込んだときは慰め、心の健康を保ちます。

「胃袋をつかむ」という表現もあります。料理の腕前で相手を魅了するということです。

恋人や結婚相手を選ぶ決め手にもなります。同様に、相手の話を聞ける人が、相手の心をつかむのです。聞く技術があれば、あなたは相手にとって特別な人になれます。

そして、健康的な料理はまず、あなた自身が毎日口にしなければなりません。自分が健康でなければ、誰も幸せにすることができないからです。自分の心の声をしっかり聞く力があれば、あなたは自分の傷を癒し、眠っている才能を呼び覚ますことができます。そればかりか、叶えたい望みを叶えることもできます。本当に自分を大切にできる人しか、心から人に寄り添い、話に耳を傾けることはできないのです。

多くの人が、影響力が欲しい、人望が欲しい、愛されたいと叫んでいます。そのために、お金や地位、才能、美しい容姿を手に入れようと必死にもがいています。でも、本当はそんなもの必要ありません。

昔、神のような影響力が欲しいと言った人がいました。自分がどれほど努力してきたのかを語り、それなのになぜ、みんなに認めてもらえないのかをひどく嘆いていました。でも、想像してみてください。世界中を探しても、饒舌な神などいるでしょうか？

神はいつも無言で、人々の話に耳を傾けています。


だから、神のような影響力＝多くの人に影響を与える人になりたいなら、聞く力を身につける以外にないのです。


人生は「話し方」ではなく、「聞き方」で差がつきます。

聞ける人だけが、人望も仕事もお金も、愛さえも手にすることができます。

だから、「聞ける人」と「聞けない人」の人生は天と地ほど違うのです。


「会話がなかなか続かない……」

「つい、余計な一言を言って失敗してしまう……」

「人と話すときに緊張してしまう……」

そんな心配や失敗の経験を持っている人ほど、聞き上手になれます。人は失敗することでしか成長できないからです。傾聴力は、意識すれば誰でも身につけることができます。

聞く力を手に入れたあなたの人生がどれほど素晴らしいか、試してみませんか？

藤本梨恵子

◎なぜか感じがいい人の聞き方100の習慣　もくじ

はじめに

第1章　聞き方の基本編

01 「良い話し方」より「良い聞き方」が重要……20
02 発信型より受信型が信頼を生む……22
03 自分中心のリアクションをやめる……24
04 会話の主導権は聞き手にあり……26
05 「何を話せばいいかわからない」という呪縛……28
06 聞き方の「あいうえお」……30
07 アイコンタクトで敬意を払う……32
08 本音は姿勢に滲み出る……34
09 うなずきで好感度が上がる……36

10 笑顔を標準装備にする……38
11 終わりまで聞く……40
12 聞き方は歩き方に似ている……42
13 心の矢印を相手に向ける……44
14 伴走者になる……46
15 顔を「お留守」にしない……48
16 承認を渇望しない……50

第2章 仕事・人間関係編

17 聞き方が社内の空気をつくる……54
18 相手を思いやる受け答え……56
19 しゃべりすぎは命取り……58
20 言葉はかけ算……60

21 クレームを好意に変える聞き方……62
22 要約は、「嫌な人」にも「できる人」にもなる……64
23 メタボ要約もガリガリ要約も危険……66
24 要約で結論を見つけ出す……68
25 本質をつかむと提案の幅が広がる……70
26 関心を寄せる……72
27 相手が持っていないものを自慢しない……74
28 聞き方で人間関係はうまくいく……76
29 「ねぇ、私の話聞いてる？」と言われたらアウト……78
30 「ノリが良い」＝「聞き上手」ではない……80

第3章 相手が心を開く聞き方編

31 初対面でも旧知の仲のように感じさせる聞き方……84

32 無意識に安心と信頼を与える……86
33 真似すると魅力がＵＰする……88
34 引き寄せるのではなく、寄り添う……90
35 相手の利き感覚に合わせる……92
36 自分の利き感覚を知る……94
37 早口で話が飛ぶ「視覚Ｖタイプ」……96
38 雑音が苦手な「聴覚Ａタイプ」……98
39 沈黙が必要な「身体感覚Ｋタイプ」……100
40 心が通い合う環境を整える……102
41 ポジショニングで心の壁を突破する……104
42 打ち明け話の極意……106
43 会話泥棒にならない……108

第4章 心をつかむ傾聴のスキル編

44 花のような傾聴……112
45 安心を呼ぶ3つの態度……114
46 傾聴が大切な人の居場所をつくる……116
47 言葉の武器を持たず、「傾聴」で相手をかわす……118
48 五感で相手を感じる……120
49 決めつけない……122
50 「怒り」の奥の「期待」に気づく……124
51 DoよりもBe……126
52 相手の核を探す……128
53 自分に最高の参謀をつける……130
54 24時間営業をしない……132

第5章

質問力の高め方編

55 会話はアンテナを立てることから……136
56 質問力は関心の高さに比例する……138
57 指示を与えるのではなく質問する……140
58 オープンクエッションとクローズクエッション……142
59 本音まで最短距離で到達する……144
60 相手がしてほしい質問をする……146
61 意見言葉を事実言葉に翻訳する……148
62 漠然とした不安を解消する質問……150
63 言葉はすぐに歪曲される……152
64 相手を追い込む問題志向過去型の質問……154
65 やる気を生み出す解決志向未来型の質問……156
66 「できない」を「できる」に変える魔法の質問……158

67 ヒーローインタビューで未来を先取りする……160
68 三日坊主を卒業する質問……162

第6章 相手を認める聞き方編

69 「らしくない」と言わない……166
70 相手のハートをつかむ相槌……168
71 相槌を褒め言葉に……170
72 承認ドケチに注意……172
73 無条件で承認する……174
74 ドリームキラーにならない……176
75 褒め言葉はブーメラン……178
76 「他人の不幸は蜜の味」から卒業する……180
77 相手の怒りを鎮め、善意を呼び起こす……182

78 答えは1つではない……184
79 価値観が違うから生き残れる……186
80 言い換えにはリスクがある……188
81 相手の世界観を大切にする……190
82 嫉妬心をこじらせない聞き方……192
83 自分の内側を整えないと人の話は聞けない……194
84 その場にいない人の話をしない……196
85 目の前の人の味方になる……198

第7章 心を整える聞き方編

86 相手の宿題を自分がやらない……202
87 答えは自分の中にある……204
88 どうしたらいいですか?……206

89 結末をイメージさせる……208
90 モヤモヤを言語化する……210
91 潜在意識はガラス張り……212
92 まず自分の傷を癒やす……214
93 自分に貼っているラベルを知る……216
94 セルフイメージが変わると聞き方が変わる……218
95 悩みを分解しながら聞く……222
96 罪を憎んで人を憎まず……224
97 カタカナ語に酔わない……226
98 学ぶは真似るから……228
99 聞くときは優しさを添える……230
100 聞くことは「薬」にもなる……232
おわりに

カバーデザイン：小口翔平＋畑中茜（tobufune）
カバーイラスト：芦野公平
組版・校正：株式会社RUHIA

第1章

聞き方の基本編

01 「良い話し方」より「良い聞き方」が重要

巷には話し方の本があふれています。

なぜ、私たちは話し方ばかりに気を取られてしまうのでしょうか？

誰もが幸せに生きたいと願い、そのために自分の抱えている問題を解決したいと思っています。誰かに自分のことを「聞いてほしい」→「わかってほしい」→「アドバイスが欲しい」と思います。

しかし、アドバイスを求めても思うような答えが相手から返ってこず、問題が解決しないこともあります。すると人は､「自分の伝え方が悪かったから､解決策が得られなかった。もっと話し方を勉強しなくては」と思ってしまいます。

しかし、**答えはあなたの外側にはありません**。カウンセリングやコーチングでも、〝**答えはあなたの中にある**〟と言います。

他人からアドバイスをもらうのではなく、**相手の話からヒントをもらい、気づきを得て自分の問題を解決するための、聞く力が重要**なのです。ボーッと聞いていては、気づきも、発見もありません。

自分をわかってほしいとひたすら話し続けているとき、相手は話すことができませんから、自分が欲しい大切な情報も得ることはできません。

また、相手も何があなたに本当に必要で、どんな話をすべきなのかわかっていないことがあります。そんなときは、相手から欲しい情報、話題を見つけ、引き出す「傾聴力」が必要です。

傾聴力が高い人は、人の話の中から核となる部分を見つけ、引き出すことが上手です。

だから自分の悩みを解決する際も、相手から解決のヒントを上手に引き出せるのです。

傾聴力を高めると、洞察力が磨かれ、必然的に問題解決力も高まります。

また、自分の中から答えを見つけ出す力がつき、他人の意見に振り回される他人軸ではなく、自分らしく生きることができるようになります。

だから実は、**話し方ではなく聞き方を強化する方が、幸せになれる可能性が高まるのです。**


聞き方で人生の質を上げよう!

02

発信型より受信型が信頼を生む

話し方が注目される理由の1つは、映画・テレビ・ラジオ・SNSやYouTube動画など、すべてのエンターテインメント（以下、エンタメ）は発信者が一方的に情報を発信し、聴衆が受け取る構図になっていることです。

たとえば、テレビや動画で芸人さんが面白いことを言い、プレゼンテーションの達人たちがエピソードを語りかけます。私たちはそれを見て笑ったり、SNSなら「いいね」を押したりと、受け取ることに終始しています。だから人を惹きつけるのはプレゼンテーションなどの話す力だと錯覚してしまうのです。

エンタメは独白型です。しかし、**日常生活で、独白型で一方的に発信することはほとんどありません**。私たちは常に、相手と対話するコミュニケーションをしています。

初デートで一方的に自分の話をする人は、相手から「また会いたい」と思ってもらえるでしょうか？　本人は悪気なく、自分のことを知ってもらった方が好意を持ってもらえると思っているのかもしれません。

しかし、自分が興味のない話をひたすら聞くのは、とっても苦しいことです。

人は質問されてこそ、相手は自分に興味関心を持っているのだと感じます。自分に関心が向けられることで、好意が生まれます。**愛は独白ではなく、対話から生まれる**ものなのです。つまり、**発信力より受信力がものを言います**。

私はキャリアカウンセラーとして、大学生の就職支援に関わっています。

新卒採用を行う企業では、自社の魅力を伝えるためにインターンシップ（＝職業体験）を行っています。以前は職場体験を一方的に発信型で行う企業も多かったのですが、現在は採用のミスマッチを防ぐために、学生の取り組みについて個別にフィードバックし、感想を聞くなど学生と対話する時間を持つことが増えています。

一方通行（＝発信）ではなく、相互理解が進む対話（＝受信）を取り入れている企業の方が入社後のギャップが少なくなり、離職率も低く、採用に成功しています。

セールスでもお客様のニーズを聞かず、自分の商品やサービスについてひたすら説明する人は売れません。**独白には、自分の欲求があるだけで、相手を思う思いやりや愛がない**からです。

誰かを大切にしようと思ったら、相手の話を聞くという対話から始めるほかないのです。

愛は独白ではなく、聞くという対話から生まれる！

03
自分中心のリアクションをやめる

会話中に相手を不快にしてしまう人は、自分中心のリアクションをしがちです。

ジムトレーナー「スクワットをした方がいいよ」

ヨガが趣味の人「ヨガでいう、チェアーポーズをやればいいってことね」

ジムトレーナー「ヨガ用語で言われても知らんし」

ヨガが趣味の人「……」

これは自分中心のリアクションです。仲の良い友人同士のツッコミだったらいいのですが、微妙な距離感の相手だと、ここで会話が終了します。知らないことでも「ヨガに、チェアーポーズっていうスクワットみたいなものがあるの？」と相手を理解しようとするリアクションをしていれば、会話は盛り上がったはずです。自分の知識も増え、博学にもなれます。

ＳＮＳは記事が話し手で、コメントが応答であり、聞き手ともいえます。「精進料理では五葷と言ってニンニク、玉ねぎ、ネギ、ニラ、ラッキョウは使いません。修行僧に過剰なエネルギーを与えないためです」という記事に、「絶対無理！　好きなものばかり！

これらのない生活は考えられません」と書いた人がいました。これは否定から入って自分の主張をする、喜ばれないコメントです。「精進料理ではそうなんですね！　私は好きなので無理かも」などといったん相手の話を受け止めるリアクションをすると、印象はだいぶ違います。

ＳＮＳのコメントは、よその庭に入って挨拶するようなものです。よその庭でわざわざ「チューリップ植えているんですね。私はチューリップが嫌いなんです」と挨拶する人は嫌われます。「綺麗な花ですね」「花の手入れができるなんてマメですね」などと**相手の気持ちを想像して、相手が喜ぶ言葉をチョイスするのが正解です。**

傾聴は、「聴く」という字を分解して、十の耳と目（真ん中の字を回転させて）を傾けて、積極的な関心を向けて話を聴くと表現されます。対面でもＳＮＳでも、人は自分のことを見て聞いて理解してくれる人を求めています。人を理解するために、**人間には、口は一つで、耳が二ついています。自分を主張するのがメインではなく、相手を理解することが最優先事項です。**

理解とは、愛のもう一つの名前なのです。

自分中心に地球を回さない！

04 会話の主導権は聞き手にあり

話が盛り上がるかどうかは、話し手と聞き手のどちらが主導権を握っていると思いますか？

私は荒れた専門学校で心理学の授業を受け持っていたことがあります。

成績表はなく、出席さえしていたら単位が取得できる仕組みのため、生徒は基本的にどんな授業でも教員の話を聞いていません。

生徒の聞く態度は、大きく分けて3パターンです。友人と話をする、寝る、携帯を見るです。中には授業中に喧嘩を始める生徒さえいます。

この状況で授業を続けるのは、かなりハートが強くないとできません。1日授業をして、次の日から音信不通になる教員も一人や二人ではありませんでした。

どんなにその分野の知識が豊富で、教え方が上手であったとしても、聞く姿勢のない人に話をするというのは苦行なのです。

また、私は大学のプレゼンテーションの授業で、学生に次のようなワークを体験してもらいます。

話し手一人に対して、残りの全員が聴衆となって３パターンの聞き方による話しやすさの違いについて体験してもらうワークです。

①話し手が話している間、聴衆は寝る・携帯を見るなど相手の話を聞かない
②話し手が話している間、聴衆は黙って話を聞く
③話し手を拍手で迎え、話をしている間は、聴衆は話し手を見てうなずきながら聞く

この３パターンで話を聞いてもらうと、話し手は、①では話す気がなくなり、②より③の方がより話しやすく、どんどん話したくなったという感想を述べます。

このようにプレゼンに限らず、**どんな会話も話に花が咲くかどうかは、話し手の感情を左右する聞き手の聞き方次第です。会話の主導権は常に、聞き手が握っているのです。**

最近はオンラインの会議やセミナーも増えてきました。リアルと違い、相手の微妙な表情や雰囲気がわからない分、少しオーバーアクションで相槌やうなずきを入れた方が、話が盛り上がると言われています。

どちらにしても、会話が盛り上がるかどうかは聞き手が主導権＝イニシアチブを握っているのですから、仕事でもなんでも、あなたが聞き手に回った方がうまくいきます。

イニシアチブは聞き手にあり！

05

「何を話せばいいかわからない」という呪縛

会話の悩み№1は「何を話せばいいかわからない」です。

特に初対面の人、取引先の人、久しぶりに会う人に対して悩む人が多いものです。

実は、**「何を話そう?」と話すことに気を取られているから、悩むのです。相手の話を聞くつもりで会えば、話題を用意する必要もなく、気楽に会えます。**

「何を話せばいいかわからない」と悩んでいる人は、料理で言えば、初めて会う人の家で料理をするのに、たくさんの食材を買い込んで行こうとしています。

相手の好みも知らないのに、食材を買っても、相手の口に合うのかも、相手が食べられるものなのかさえもわかりません。かと言って、ありとあらゆる料理に対応すべく、食材を大量に買い込むのは、時間もコストもかかりすぎます。

普段から、あらゆるニュースやためになる話、面白ネタなどの話題をストックし、自分の話し方を磨くために努力する人や何を話すかを前もってメモしておく人がいます。

しかし、その話が口に合うかは相手次第。努力が必ず報われるわけでもなく、人に会うのに気が重くなってしまいます。買いすぎた食材で買い物袋が重くなるのと同じです。

一方、**聞き上手の人は、相手の家の冷蔵庫にある食材で料理をする**ような感じです。

相手の家の冷蔵庫の中に入っている食材や調味料は、基本的にその人が好きなものです。それを使って料理をした方が、自分で買ってきた食材で料理をするより、はるかに相手の口に合う可能性が高くなります。足りない食材があれば、相手にその場で聞いて買い足せばいいので、手間もコストも最小限で済みます。

聞き上手な人は、**相手がそのとき興味がある話題を引き出し、テーブルに広げます**。そこから、**相手の気持ちの動きや関心が動いていくのに合わせて話を聞いていきます**。

会話には鮮度があります。相手の話したいこと、興味関心はそのとき、その場で変化するものです。だから準備しておくよりも、その場で相手の心の中から鮮度の高い話題を取り出すことが重要なのです。

そのためには、相手の表情や言動などをよく観察し、心の矢印を相手に向けて話を聞き、質問していくことが大切です。

鮮度の高い話題をその場でキャッチする！

06 聞き方の「あいうえお」

『えんとつ町のプペル』の作者、お笑い芸人で絵本作家の西野《にしの》亮廣《あきひろ》さんは、自社で社員を採用するときは、「受け（聞き方）がうまい人」を採用するそうです。聞き上手な人の方が配慮ができるので、大勢で共同作業を行う現場では雰囲気も明るくなり、他の社員も働きやすくなるからです。

西野さんが芸人だということで、中にはボケを連発して話してくる人もいるそうですが、そういう人は不採用にするそうです。なぜなら、プロの芸人相手にボケ続ける人は、筋が悪い（＝空気を読めない）からです。

聞き方は、柔道で言えば受け身です。私は柔道初段ですが、柔道で初めに習うのは受け身です。いくら華麗な投げ技を習得しても、受け身ができなければ、投げられたときに大怪我をします。

反対に、受け身ができればどんな強い相手と試合をしても怪我をすることはありません。うまい受け身は、一本負けの判定をもらうことが少ないので、勝負強さにつながります。

同様に、**会話で話し方にばかりに囚われる人は大怪我をします。**聞き方という受け身ができなければ、相手のタイプや話題に合わせられず、相手の気分を損ねて会話も盛り上がらないからです。**無敵の人間関係は、誰にも負けないような口達者になることではなく、むやみに敵を作らない聞き上手になることで、手に入れられます。**

マネジメントの父、ピーター・ドラッカーは「多くの人は話し上手だから人間関係は得意だと思っている。対人関係のポイントが聞く力にあることを知らない」と言っています。聞く力の影響力は絶大なのです。ある小学校では、子どもたちに聞く力の基本を、**「聞き方のあいうえお」**という頭文字でシンプルに伝えています。

あ…相手の目を見て
い…いい（良い）姿勢で
う…うなずきながら
え…笑顔で
お…終わりまで聞く

次に、大人にとっても大切なこの「聞き方のあいうえお」について詳しくお伝えします。

聞き上手は無敵！

07 アイコンタクトで敬意を払う

聞き方のあいうえおの1番目、「あ」の「**相手を見て**」は、相手に視線を向け、あなたの話に興味がありますと伝えることです。「目は口ほどにモノを言う」ともいい、**視線が合う回数が多いほど好感度が上がる**という実験データもあります。

以前の職場で、下を向きながら誰とも目を合わせず挨拶する人がいました。挨拶はしているものの印象が悪く、雑談や仕事の話につながることもないため、情報交換や親密になるチャンスを逃すもったいない習慣です。

客室乗務員の新人研修では、視線の使い方を教育されます。まず機内をゆっくり歩き、「何かご用はございませんか？」と心の中で呟きながら、乗客一人一人に目を合わせることで、お客様が声をかけやすい雰囲気をつくります。さらに、目線を目↓モノ↓目の順に移動させ、動作の最後にもう一度お客様と目を合わせる「ラストアイコンタクト」も忘れません。たとえば、お客様にコーヒーを注文されたら、「コーヒーでございます」と目を見て、コーヒーに目を移してテーブルに置き、最後にもう一度お客様を見て微笑み「ごゆっくりどうぞ」と伝えます。お客様を大切にしていることが伝わり、お客様からも「ありがとう」と言われることが増えます。

営業や接客業で成績が上位の人は、「ラストアイコンタクト」が上手です。挨拶は「語先後礼」といい、言葉が先、動作を後に行うのが基本です。「ありがとうございます」と言いながらお辞儀をする「同時礼」は、マナー違反です。**感じのいい人は、①相手を見る、②「ありがとうございます」と言い終えてからお辞儀をする、③頭を上げて再度相手を見るというように、普段の挨拶にも「ラストアイコンタクト」を取り入れています。**

目が合わない人は、自信のない印象を与えます。目を見ると緊張して話せない人は、相手のネクタイなど首元を見るようにすると、相手からは目が合っているように感じるのでオススメです。

一方、相手を凝視するのは生物にとって、威嚇や闘争心を示す行為なので不快に感じます。レストランなら、一緒にメニューや内装を見ながら「洒落《しゃれ》たランプだね」などと適度に視線を外して話すことで、緊張感も生まれず、良い雰囲気になります。すべては視線の使い方なのです。**視線を向けることで相手の「聞いてもらえた感」を高めることは、満足感を高め、あなたの好感度を高める**ことにつながります。

ラストアイコンタクトを徹底しよう!

08

本音は姿勢に滲み出る

知らない人ばかりの集まりなどで居心地が悪いと感じたとき、無意識に足や腕を組んでいた経験はありませんか？

これは、相手に「私はあなたに対して心を閉じています」というメッセージを発信しています。人間には安心・安全欲求があります。危険から自分の身を守りたいのです。だから、自分が知らない人たちや意見が合わない人から攻撃されないように警戒します。その警戒心が無意識に腕や足を組む行為となってあらわれるのです。

聞き方のあいうえおの2番目、「い」の「**いい姿勢**」は、腕や足を組まず、やや前傾で、正対（顔だけでなく、おへそを相手に向ける姿勢）をして話を聞くことです。

「身を乗り出して聞く」という表現がありますが、**人は何かに強い興味を持つと、前傾姿勢になります。だから、前傾姿勢は何も言われなくても「あなたの話に興味津々です」と伝えることができるのです。反対に、興味を失った瞬間に後傾姿勢になります。**

私が担当したカウンセラー養成講座の受講生の中に、話を聞くときに、無意識にやや反り返る姿勢になってしまい、なんだか相手を避けているように見える方がいました。これでは相手の話す気が失せてしまいます。ビジネスでも、相手が椅子にもたれかかっている、または少し肩や上体を引き気味にしているなら、「興味なし」のサインが出ていますので、交渉は難航することが多いはずです。

他にも、人の話を聞くときに腕や足を組む、首を傾ける、眉毛がハの字になるなどの癖は、相手に不快感を与えてしまいます。一度上司や友人などに動画を撮ってもらったり、フィードバックしてもらったりするのがオススメです。

メンタリストのＤＡｉＧｏさんが嘘をついている人物を見破ることができるのは、言葉では嘘をつくことができても、わずかに頭を掻いたり、目が泳いだりするなど、態度にあらわれる本音を見抜くからです。このように私たちは、表情、視線、仕草、声のトーンなどで相手に無言のメッセージを発しています。だから、話を聞くときは、聞く姿勢にも注意が必要です。

相手に心を開いて話をしてもらいたいと思ったら、まずはこちらが傾聴できる「いい姿勢」を整えておくことが大切です。

正対して、興味津々姿勢を作ろう！

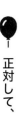

09 うなずきで好感度が上がる

「話が続かない」「会話が弾まない」と悩んだことはありませんか？

多くの人は、「自分は話すのが苦手だから……」と自分の話し方が悪いと思っています。しかし、本当は聞き方に原因があるのです。聞き方のあいうえおの3番目は、「う」の「**うなずきながら**」です。講師の中には、「私はみなさんが熱心に聞いてくれると調子が上がって、普段喋らないお得な情報までサービスで話してしまいます。だからぜひ、うなずきながら聞いてください」と参加者にリクエストする人もいます。

また、採用試験のグループディスカッションで盛り上がっていないグループは、うなずきや相槌が少ないのが特徴です。うなずいてもらったほうが話しやすいのです。オンラインでの企業説明会や面接では、画面に就活生の顔がずらっと並び、比較できるので、笑顔でうなずきながら聞いている就活生は参加意欲や協調性が感じられ、人事担当者も好印象を持ちます。

心理学者のマタラッツォの実験では、45分間の面接を3つのフェーズに分けて行いました。

①最初の15分は面接官は普通にうなずく

②次の15分は面接官がうなずく回数を増やす
③最後の15分は最初のうなずき回数に戻す

すると、面接を受けた参加者は、①より②のうなずく回数を増やしたフェーズの方が発言時間が長くなり、③のフェーズでうなずく回数を元に戻すと不安になり、発言時間が短くなりました。相手にたくさん話してもらうには、「うなずき効果」が有効なのです。

世界中で「ＹＥＳ」は首を縦に振り、「ＮＯ」は横に振るという動作が用いられています。北海道大学と山形大学の共同研究では、うなずくと、首を横に振る場合、静止したままでいる場合よりも、好ましさは約30％、近づきやすさが約40％もアップしたという結果が出ています。つまり、**うなずくだけであなたの好感度は上がる**のです。

人に安心感を与えるのは、ペーシング（同調行動）です。だから**相手が楽しそうに軽快に話をしていれば、「うん、うん」とリズミカルにうなずき、深刻な話をしていれば、「う〜ん、なるほど」とゆっくりうなずくなど、相手に合わせることが大切です。**

感じのいい話の聞き方ができる人は、「うなずき効果」を自然に使っているのです。

話のスピードに合わせてうなずこう！

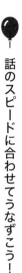

10 笑顔を標準装備にする

フラリと行ったことのない飲食店に入るとき、あなたはどんなお店を選びますか？ 外からでも中の雰囲気がわかるお店に入るのではないでしょうか？

同様に、人が話しやすいと感じる人は、笑顔で「いつでもどうぞ」と心の窓が開いている人です。

聞き方のあいうえおの4番目は、「え」の「**笑顔で**」です。初対面のとき、挨拶するとき、目が合うときに笑顔の人は、「あなたに心を開いています」と相手に心の中を見せています。すると相手も声をかけやすくなります。

「面白いことがあったら笑う」という人がいますが、これはお店で言えば、「お客様が来たら、入り口のシャッターを上げます」と言っているのと同じです。お客様はお店が閉まっていると思って帰ってしまいます。話しかけやすい人は、特に楽しいことや面白いことがなくても笑顔なのです。

口角を上げ目元にシワができる本物の笑顔を「デュシェンヌ・スマイル」、口角を上げるだけで目が笑っていない作り笑顔を「ノンデュシェンヌ・スマイル」といいます。ある企業で行った調査では、商品の売り上げ上位の販売員は、全員がデュシェンヌ・スマイルの持ち主で、一方、売り上げ下位の人たちはぎこちない笑顔だったという結果が出ています。本物の笑顔を見るとお客様も笑顔になり、商品もより良く見える効果で売り上げが上がったのです。お客様は気分が良いときに買い物をするからです。

さらに重要なのは会話中、笑顔のタイミングが合っているか、笑顔の〝キャッチボール〟ができているかどうかです。以前、悩み相談をした際に笑顔でうなずかれて、「人の気持ちがわからない人だ」とがっかりした経験があります。これは笑顔で話すタイミングがずれているのです。感じがいいと思う人はどんな第一印象なのかを調査した研究では、1位は笑顔、2位は挨拶をする、3位は丁寧に接する、という結果が出ています。このように、話を聞くときに笑顔が相手に与えるパワーは絶大です。

緊張しているときや忙しいときは笑顔が消えやすいものです。そんなときほど笑顔で心の窓を開けておいた方が、周りの人も声をかけやすくなります。**仕事でも日常でも笑顔を特別なときだけのデラックス（＝贅沢）なものではなく、スタンダード（＝標準）にしておくことが大切です。**

いつも笑顔のキャッチボールをしよう！

11 終わりまで聞く

「話を最後まで聞いてもらえない……」「話の途中で遮られてしまう……」「自分の話に被せて何か言ってくる……」などと会話の中で嫌な気持ちになったことはありませんか？

聞き方のあいうえおの「お」の5番目、**「終わりまで聞く」**は、人の話を遮らないことです。

なぜ、話を最後まで聞くという一見簡単そうなことを、できない人が多いのでしょうか？

Aさんは、社内の人がトラブルを知らせようとすると、話を最後まで聞かず「あぁ、もう全部わかっていますから！　いいです！」と話を遮ります。

これは、「自分のミスを指摘されるのではないか？」と不安になり、相手から攻撃されないように防御しているのです。相手は、単にトラブルに関する報告がしたかっただけです。しかし、話を遮られることで、自分の存在を蔑ろにされたように感じて嫌な思いをします。だからAさんは社内で疎まれてしまっています。

Aさんは一見、偉そうに見えますが、実は「自分が責められないように防御しなくては！」と常に怯えているのです。つまり、他者に怯え、自己肯定感（＝自分を大切に思う気持ち）が低い人ほど、人の話が聞けないのです。だから、最後まで人の話を聞くためには、自己肯定感を上げることも必要です。

Bさんは部下の話の途中で急に早口になり、「要は、こういうことですよね？」とイライラしたように相手の話を遮ります。この言い方は「そんなこと長々と話さなくてもわかるよ。こういうことでしょ」と言いたげで、部下は「仕事ができない奴だなぁ」と言われたように感じ、仕事へのモチベーションが下がっていました。

Bさんは頭の回転が速いため、相手の話を先読みして、さっさと結論を言わないことにイライラしてしまうのです。人は思考の速度が会話のテンポに現れます。テンポが速い人は、遅い人にイライラします。しかし、**本当に相手に良いパフォーマンスを発揮してもらおうと思ったら、相手のペースに合わせて最後まで話を聞き、相手の自己重要感を育てていくことが大切です。**相手にプレッシャーをかけて能力を発揮しづらくするのではなく、パフォーマンスが上がるように話を聞いた方が、結局は上司自身の仕事の負担を減らし、社内の評価も上がります。だから仕事ができる人は聞き上手なのです。

相手の話を遮らない！

12
聞き方は歩き方に似ている

「傾聴？　話を聞くだけでしょ？　私はできています」。そう思っている人が一番危険です。多くの企業研修を担当していると、「自分は人の話を聞けている」と勘違いしている人がいます。

健康に無頓着な人は、健康的な食事や運動を馬鹿にしています。

同様に、**傾聴を馬鹿にしている人ほど、本当は一番、人の話を聞く力が必要なのです。**

私は、20代でカウンセリングの勉強をしている頃、ある人事担当の方から「カウンセリング？　カウンセリングなんて、人の話をただ聞いているだけでしょ？」と言われたことがあります。

今、相手が一生懸命勉強しているものを馬鹿にする人に傾聴の姿勢がないことは、読者の皆さんならきっともう、おわかりですよね？　このように言われた後に、私がこの人事担当の方に心を開いて自分の話をすることはありませんでした。

私は現在、キャリアカウンセラーとして多くの人事担当の方とお会いします。

採用や人材育成に力を入れている企業担当の人事の方ほど傾聴能力が高く、これから採用する人の個性や良さを巧みに引き出しています。

自己流に相手の話を聞き流すのではなく、相手が成長し、自己実現できるようにサポートできるような傾聴は、一朝一夕では身につかないものなのです。

話の聞き方は、歩き方に似ています。私たちは普段、何気なく歩いています。

しかし、年長者になるほど、美しい歩き方をしているのでしょうか？

たとえ年若い人でも、モデル業など美しく歩く訓練をしている人の方が美しく歩けるはずです。同様に**傾聴も、訓練を積んだ人の方が、人に変化を起こす聞き方ができる**のです。

ある調査で、クライエントから信頼されるカウンセラーはどんな人なのかを調べた結果、経験年数が長い人でも、担当した相談者数が多い人でもなく、クライエントからのフィードバックを受けている人でした。真摯にクライエントの意見に耳を傾け、自分の傾聴方法などを改善し続けることができるカウンセラーが信頼されるのです。

だから、**常に「自分は、人の話を聞けているだろうか？」と自分を振り返り、他者からフィードバックをもらう人が自分を成長させ、聞き方で人の心をつかめるのです。**

真摯に自分の話の聞き方を振り返ろう！

13 心の矢印を相手に向ける

話を聞くときに一番大切なことはなんでしょうか?

それは、**「相手が一番言いたいことは何か?」という〝主訴〟を意識して話を聞くことです。**

つまり、**相手の気持ちを汲むことを大切に聞くということです。**

漠然と話を聞いていては、相手の気持ちを汲むことはできません。

私はカウンセラーになるために傾聴訓練を受けた際、「人の話を聞いているつもりでまったく聞いていなかったし、人に話を聞いてもらったこともなかった」と思いました。カウンセラーやコーチ仲間たちも皆、同様のことを口にします。それほど、私たちは普段、この世界を見たいように見て、聞きたいように聞いているのです。

たとえば、こんな会話をしたことはありませんか?

友人「この前、京都に旅行に行ったんだけど、人が多くてさー。食事も行列で、待ち時間が長くて大変だったよ」

自分「あ、そうだったんだ。私が去年、京都に行ったときも渋滞で……」

これは、相手の話を自分の話にすり替える会話泥棒の典型的なパターンです。相手の話を聞いて気持ちを汲むのではなく、「自分がいつ話そうか」ということばかり考えていると陥りやすいパターンです。もちろん、悪気はありません。自分が話すことで、会話を盛り上げようとしただけです。

しかし、相手に心の矢印を向けて聞くなら、先ほどの友人の話には、「あ、そうだったんだ！ 食事の待ち時間も長かったんだね」など、相手の気持ちを汲む返事になるはずです。

人は自分に一番関心があります。自分の話を聞いて、自分を理解してくれる人に心を開くものなのです。だから、「相手が一番言いたいことは何か？」ということを意識して話を聞く必要があります。

人には「焦点化の原則」があります。意識した情報が集まってくることです。

新しい自動車を買おうと計画していると、街で自分が欲しい車種をよく目にするようになった経験はありませんか？ これが、まさに焦点化です。反対に何も意識しないと、主訴を聞き流してしまいます。だから、傾聴する際は、脳に「相手が一番言いたいことは何か？」という問いを脳に入力しておくことが重要です。すると脳は自動的に相手の〝主訴〟を探すことができるからです。

「一番言いたいことは何か？」を意識して聞く！

14
伴走者になる

話を聞くときは、相手の気持ちに伴走するのが基本です。「はい、私について来て」というように相手の前を走り、誘導することではありません。

相手の少し後からついていき、必要に応じて、「このまま行くと、行き止まりですが大丈夫ですか？」などとリスクや気になる点を質問しながら、伴走していきます。

アパレルショップで友人と服を見ていたときのことです。

「あ、それかわいいよね？　デザイン違いもあるから、ちょっとこっちについて来て！」と店員さんがタメ口でこちらの意向を汲むことなく前を歩き出したのです。私と友人は顔を見合わせて、そのお店を後にしました。

もし、お客様に伴走するという姿勢があれば、

「ご覧の服、かわいいですよね？　もしよろしければ、デザイン違いもあちらにございますのでご覧くださいませ（服が置いてある方向を指し示す）」

とその服を見るかどうかの決定権は、客側に渡します。

人は命令されること、強制されることを嫌うからです。

身分制度がある時代に、自分に決定権がなければ、殿様に「腹を切れ！」と命令されたら、こちらは切腹せざるを得ません。つまり、**「決定権がない＝命の危険がある」と潜在意識で感じてしまう**のです。

だからこそ、人の話を聞くときは、相手の少し後ろをついていくようなイメージで聞くことが重要です。

たとえば、AかBか迷っている相手に対しては、「Aにしたら」とアドバイスするのではなく、「話を聞いていると、Aはハイリスク、ハイリターン。Bは安全だけど、爆発的に伸びることはないみたいですね。現時点でAとBどちらに惹かれますか？」などと、リスクについての確認はしつつも、あくまで決定は相手に委ねます。

誰かの人生を代わりに生きることはできません。だからこそ、決定権はいつも本人に握ってもらいながら、話を聞かなければならないのです。つまり、話の最後は断言するのではなく、相手が選択できるようにするのが押しつけがましくなくオススメです。

決定権は相手に握らせる！

15 顔を「お留守」にしない

会話が続かない人は、相手が話しているとき、「顔がお留守」になっています。興味がなかったり、次に自分が何を話そうかということを考えていたりして、心が相手に寄り添っていない＝心の矢印が相手に向いていないのです。

テレビ番組でＭＣを担当する人は、たいてい聞き上手です。周りのゲストからエピソードを上手に引き出します。

エピソードを引き出せるかどうかは、質問の仕方より、相手の話に対するリアクションの良さで決まります。

良いリアクションをするためには、相手の一挙手一投足に注意を向けている必要があります。相手も、注意を向け、寄り添って聞いてくれていると感じると、どんどん調子が上がり、気分良く話してくれます。

よくテレビ番組に呼ばれる芸能人は、リアクションが良いのです。

タレントの関根勤さんはベテランでありながら、若手芸人の話やギャグを手をたたきながら大笑いして聞き、最高のリアクションをします。共演者の千原ジュニアさんは、「関根さんは、笑ってくれるし、褒めてくれるし、ほんとに共演者としてありがたいです」と言います。

ある芸人さんは、デビューしたばかりの頃は「絶対に他の芸人のギャグで笑うもんか」と対抗意識を燃やしていたそうです。そう考えていた頃はテレビに呼ばれず、面白いと思ったときに素直に笑うようになると、よく呼ばれるようになったそうです。

複数の人で成り立つ会話は、チームプレイです。自分にスポットライトが当たっていないからとつまらなそうに話を聞かず、リアクションしない人は、会話が盛り上がるのを妨害しています。バレーボールでも、レシーブやトスを上げる人がいなければアタッカーはスパイクを決めて得点することができません。勝利はチームでつかみ取るものです。会話も同様に、興味がない表情をして、心ここにあらずで聞いていると、周りにいる人も「あの人、つまらないのかな？」と気を遣ってしまい、楽しめません。

反対に、どんな場面でも相手に関心を寄せることができれば、顔がお留守になることはありません。表情はあなたの心が決めているのです。

無表情にならない！

16 承認を渇望しない

承認欲求とは、誰かに認めてもらいたい、褒めてもらいたいという誰でも持っている欲求です。しかし、それが強すぎて人の話が聞けなくなる人がいます。

Aさんは、セミナーで登壇している人に質問をするフリをして、自分の自慢を始めます。疑問点などの質問なら、他の参加者も知りたいことなので良いのですが、セミナーと関係ない自慢は皆うんざりしてしまいます。

SNSへのコメント欄への書き込みも、相手の記事に関する感想や賞賛、質問ではなく、自分の経験などを長々と書き連ねます。承認欲求が強すぎるのです。

彼は、自己主張すれば他者から注目が集まる。自慢をすれば、相手が自分を尊敬してくれると勘違いをしているのです。

また、Bさんは機関銃のように話し続けます。そして、彼女はいつも相手につっかかっていくような言い方や質問をします。周りはウンザリして、彼女に積極的に近づく人はいません。

でも、彼女は多くの人に自分を認めてほしくて話し続けます。そして、「人の話を聞くのが怖い。相手が、自分を否定する発言をするかもしれないから」と言います。

人の話に耳を傾け、喋り続けるのをやめた方が、よほど相手から受け入れてもらえるというのに……。

アメリカの作家アンブローズ・ビアスは、**「退屈な人間とは、聞いてもらいたいときに話をする人間だ」**と言っています。

人は誰でも自分自身に一番関心があります。自己アピールばかりする人間は、魅力的ではありません。

子どもの頃は、「僕を見て！」「私の話を聞いて！」と主張すれば周りの人の注目を集めることができました。しかし、大人になっても見境なく自分の承認欲求を満たそうとすると、人の話を聞くことができず嫌われます。

自分を認めさせようと躍起になるのではなく、いかに相手の良いところ・頑張っている点などを見つけて承認（褒める・労う・認める）していくかを考えた方が、よっぽど人から信頼され、認められます。**スポットライトは自分でなく、相手に向けるもの**です。

自己アピールばかりしない！

第 2 章

仕事・人間関係編

17 聞き方が社内の空気をつくる

Aさんは銀行員時代に本社に問い合わせした際、電話口で舌打ちされたり、「そんなこと自分で調べろよ」とばかりに面倒くさそうに話を聞かれました。問い合わせをすると嫌な気持ちになるので、「もう二度と本社に問い合わせをするものか」と思ったそうです。

しかし、その後の転職先で同じように本社に問い合わせをした際、担当者が丁寧に回答してくれ、最後に「他に何かお困りのことはございませんでしょうか？」と聞いてくれたことにAさんは大変感動したといいます。この体験で、Aさんの愛社精神は高まりました。

社内の人にも、お客様に行うような親切さ・丁寧さを持って話を聞くことが大切です。心理学では、良い気分の人が人に親切でき、良いパフォーマンスを発揮できるといわれています。つまり、社員の気分が良くなければ、お客様に親切にしたり、仕事で良パフォーマンスを出したりすることができないのです。

反対に不親切で、面倒くさそうに職場の人の話を聞き、**相手の気分を不快にすれば、相手のパフォーマンスを下げ、ひいてはお客様満足度が低くなる結果を生み出しかねません。**

これはまさに、**社内で営業妨害を行っているのと同じです。**

目に見える成果を上げるだけでなく、社内の人に親切にすることも、大切な貢献なのです。

冷たく、自分本位な話の聞き方も、思いやりのある話の聞き方も、どちらも社内の空気をつくっていきます。

嫌な対応をする先輩を見て育つ後輩社員は、自然とそれを真似し、優しくて思いやりのある先輩の背中を見て育つ後輩社員は、それを見習います。

対応の悪いコンビニは、代々店員の接客態度が悪く、良い対応をする店員がいる店舗は、入りたての頃は接客がイマイチだったアルバイトの人も先輩から見て学び、たんだん接客力がアップします。人は無意識に観察学習するのです。

聞き方が職場の雰囲気をつくり、企業のカラーを生み出します。

それは、社員の離職率にも影響し、離職率が高くなれば、企業イメージも悪くなります。部分は全体につながっているのです。

たかが話の聞き方と思いがちですが、実は会社の存亡にも関係しているのです。

社内でも思いやりを持って対応する！

18

相手を思いやる受け答え

営業成績の良いセールスパーソンには、高い傾聴能力があります。

私は、トップセールスパーソンばかりが集まる打ち合わせに参加したことがあります。彼らは、私が話し出した瞬間にさっと私の方に注目し、注意深く、相槌やうなずきを入れながら、気持ちに寄り添って話を聞いてくれました。

そして、私が言葉にしていない本音まで、表情や声のトーンなどから察し、「あの流れでは、やりにくいですよね？　修正してもらうようにお願いしましょうか？」などと声をかけてくれます。**一流は、言葉でなく感情を察してくれるのです。**

たくさんの荷物を持っていた私が、打ち合わせ場所から会場に移動する際には、「お荷物、会場までお持ちします」とさっと持ってくれます。

「この気遣いがあるから、多くのお客様に支持されるのだな」と感じました。言葉も行動も、「相手が今、何を考えていて、どうしたいのか？」ということに心の矢印を向けていなければできないことです。

そして、傾聴能力の高い先輩の背中を見て育つ若手社員もまた、自然に高い傾聴能力を身につけることができます。**社内に見本となるような聞き上手がいるというのは、最高の人材育成です。**

以前、会計担当者に「書類をお持ちしましょうか？」と聞いた際、「郵送でいいです。会うなんて時間の無駄なんで」と言われたことがあります。年末の忙しい時期だとしても、「あなたに割く時間はない。あなたはその価値に値しない」と言っているようでいただけません。

同じことを伝えるにしても、「お手数をおかけしてもいけませんので、郵送でかまいません」などと言えば、角が立ちません。

忙しいときほど、相手を思いやる言葉が必要です。

何かお願いされたときも、「今、無理なんで、後で」ではなく、「今、立て込んでいるので、後で回答させていただいてもいいですか？」と言えば、感じが良くなります。

傾聴で相手の気持ちを汲む訓練をすると、受け答えも、相手に不快感を与えない表現を選ぶようになります。受け答えと聞くことはセットだからです。

つまり、聞き方を鍛えることは、話し方と相手への思いやりを鍛えることでもあるのです。

忙しいときほど、相手を思いやろう！

19 しゃべりすぎは命取り

『リーダーの一流、二流、三流』（明日香出版社）の著者、吉田幸弘《よしだゆきひろ》さんは、薬局で薬剤師さんに「今、体が辛くて説明をお聞きするのが難しいので、短めの説明でお願いします」とお願いした際、「全部説明したいんです」と言われたそうです。

別の薬局で同様に伝えると、「では、要点だけ」と端的に終わらせてもらえたといいます。

当然、後者の方に好感が持てたそうです。

マニュアル通りに説明することが正義と思っていると、お客様を不快にしてしまいます。相手の気持ちを汲んでいないからです。

以前、広告宣伝の営業電話がかかってきて「他でお願いしているので、結構です」と伝えると、相手から「まだ、全部話してないんですけど」と言われたことがあります。

強引に長々話し続けても、お客様の心がその場になければ、心に響くことも、商品を買うこともありません。フランスの外交官フランソワ・ドカリエールも、「交渉で成功するには口を動かすより耳を働かせることの方がはるかに重要だ」と言っています。

吉田さん自身も、営業時代に「今日はバッチリ話せたな」と思ったときは、そのお客様は音信不通になるか、後に「今回は他社に決まりました」と連絡が来ることが多かったそうです。

一方で、「今日はあまり話せなかったな」と思うときに限って、仕事を受注することが多かったといいます。

お客様は、商品に詳しい人ではなく、自分に詳しい人から買いたいのです。

話すより聞くことに力を入れた方が、お客様のニーズがわかり、喜ばれる提案ができます。経営学の父ピーター・ドラッカーも、「顧客は特定の商品を買うのではなく、特定のニーズを買う」と言っています。

お客様の不安・不便・不満などの「不」を解消できる商品やサービスが売れるのです。だから悩みを聞くことが一番効果があります。

たとえば筋トレも、若者には「カッコいい体になれる」「ダイエット効果がある」と伝え、高齢者には「健康に良い」「体力向上につながる」と伝えた方が、やる気になります。

セールストークも相手のニーズによって使い分けなければ、響きません。ニーズは自分が話すのではなく聞き出すことでつかめるのです。

口より耳を働かせよう！

20 言葉はかけ算

ビジネスでは、いかにお客様のメリットを考えて話が聞けるかが重要です。

《病院での予約の例》

受付「次回のご予約はいつになさいますか？」
患者「7日でお願いします」
受付「7日はちょっと……。8日ではいかがですか？」
患者「7日は空いていないのですか？」
受付「こちらとしては8日の方が都合がいいのですが……」
患者「……。私は7日の方が都合がいいので、7日でお願いします」

この会話で残念な点は、受付担当者が「こちらとしては8日の方が都合がいいのですが……」と相手ではなく、病院側の都合を優先させたことです。

患者様は「あなたの都合優先で、私のことを大切にしていませんよね？」と感じます。

では、もし受付担当者が次のように答えていたらどうでしょうか？

「7日は混み合っていて、待ち時間が長くなるかもしれません。8日なら比較的空いているので、お待ちいただく時間が短くて済むのですが、いかがですか？」

患者様を思っての提案だと感じるため、患者様も８日への予約変更を承諾されたかもしれません。もし変更が難しくても、自分を大切にしてくれたと感じ、嫌な思いはしなかったはずです。

人は意識しないと自分中心に考えてしまいます。常に相手に心の矢印を向けていなければ、自分のメリットを考え、自分目線の言葉選びや提案になりがちです。

しかし、お客様は自己重要感（＝自分は重要で価値ある存在だという感覚）を満たしてくれた相手に好意を抱き、貢献したいと感じます。だから顧客満足度を上げるためには、お客様を大切に思う気持ちを伝え、相手のメリットを意識した提案をすることが大切なのです。

言葉はかけ算です。**会話の中でどんなに良い言葉をかけても、自分本位な言葉や提案（＝マイナス）で終わったら、相手のあなたへの印象もマイナスになってしまいます。**

お客様にメリットがあることを伝えよう！

21 クレームを好意に変える聞き方

クレームが発生するのは、どんなときでしょうか?
実は、お客様自身が「自分が大切にされていない。軽んじられた」と思ったときです。

《ホテルのビュッフェの例》

お客様「俺が案内された席は、料理が並ぶテーブルから遠いじゃないか! もっと近くの席に案内しろよ!」
ホテル支配人「(慌てて駆け寄り) お客様、申し訳ございません。入り口付近のお料理が並ぶテーブル付近はお席が混み合っており、少々騒がしくなっております。案内係が、静かに落ち着いて朝食を召し上がっていただけるようにとご案内したようです。少々騒がしくなりますが、今から入り口付近のお席をご用意いたします」
お客様「そ、そういうことか。なら、席は今のままでいいよ」
ホテル支配人「ご理解いただき、ありがとうございます」
最初、お客様は「自分が損をしている。大切にされていない」と感じてクレームになっていました。しかし、支配人からお客様のことを思って、あえて静かな席に通されたことを知り、落ち着いたのです。

前項でもお伝えしましたが、お客様は自己重要感を満たしてくれた相手に好意を抱き、相手に貢献したいと感じるものなので、自分が大切にされているとわかれば、相手に配慮した行動を取ろうと思うのです。

クレームはお客様の怒りのガス抜きをする＝話を聞くことが最優先です。その際に気をつけたいのは、**「ですから」「でも（しかし）」「だけど」「どうせ」などの、頭文字がDから始まる「D言葉」を使わない**ことです。苦情に対して使うと「ですから、先ほどから申しますように」と何度も言わせるなという上から目線に感じたり、「はい……。でも（しかし）、お客様、前回は必要ないと……」と反抗的な態度に感じます。

まずは、「失礼しました」「ご不便をおかけして申し訳ございません」など相手の不快感を受け止め、相手を大切にしていることが伝わる言葉がけをしてみましょう。ある業界では「クレーム」ではなく「ご指摘対応」と呼ぶことで、クレームを嫌なことではなく、改善点のヒントをもらうという謙虚な気持ちでお客様に接する工夫をしています。

お客様の自己重要感を満たす！

22 要約は、「嫌な人」にも「できる人」にもなる

あるコンサルタント会社では、入社直後から要約をマスターするようにという指導があったといいます。次の3つのメリットがあるからです。

①話の重要な点が理解できる
②重要な点から、端的にわかりやすく伝えることができる
③重要点＝本質をつかむことで、新たな提案ができる

一般的に「要約」とは、「論旨・要点を短くまとめて表すこと」です。相手の話を聞きながら主訴＝重要点をピックアップする力は重要です。しかし、要約も間違うと、できる人ではなくただの嫌な人になってしまう場合があります。

《要約のNG事例》

部下「最近は残業続きで寝不足のせいか、頭痛がして……。今朝は吐き気がして……」
上司「要するに、仕事を休みたいってこと？」

このように部下の話を要約する上司は、たしかに察しが良く、できる上司のように見えるかもしれません。しかし、これは仕事を休みたいという事実については要点を得ていま

すが、「休みたい」と言い出しにくい部下の気持ちは汲んでいません。また、「要するに」と言葉にしてしまうと、「結論から言えよ！」と責められているように感じてしまいます。休むことに罪悪感を覚えているなら尚更です。だから、「要するに……」は心で思っても、言葉に出さない方が賢明です。

《要約のOK事例》

部下「最近は残業続きで寝不足のせいか、頭痛がして……。今朝は吐き気がして……」
上司「大丈夫？　今日は無理せず仕事は休んだら？　ゆっくり治して。お大事にね」
このように言った方が、部下は休みやすいのではないでしょうか？　残業が続いている状況というのは、繁忙期で他の社員も忙しい状況でしょう。そこに休みたいと言うのは勇気が必要です。だから安心して休めるように優しさをプラスできる人が、部下にとって本当に仕事ができる上司なのです。**要約は重要な点を汲み取るだけでなく、そこに優しさをプラスするまでがセットなのです。**

要約は優しさとセットにする！

23 メタボ要約もガリガリ要約も危険

長く複雑な話も、要約をうまく使えば簡潔にまとめることができます。

ただ、要約の長さには注意が必要です。

《要約の例》

母親「うちの子どものことで、ちょっと……。家では口数が少なくて、私には何も言わないの……。でも、担任の先生から、最近、遅刻や欠席が多いって連絡があって。普段通り、通学しているものだと思っていたのに……。夫に相談しても、『俺は忙しいから、お前が何とかしろ』と取り合ってもらえなくて。子どもにどうやって話を切り出したらいいのか……」

友人「最近、子どもが学校での遅刻・欠席が多くて、ご主人にも相談できず、本人にどう話をしようかと悩んでいるのね？」

このように、要約する際は、「相手が何を一番言いたいのか？」という主訴を意識して聞くことが大切です。

要約が長すぎると、相手は「くどい」「わざとらしい」と感じます。これはメタボ要約です。

反対に、「要するに、子どもの遅刻・欠席が多いことが問題なんでしょ」といった**短すぎるガリガリ要約は、「はい、はい、そんなに長々と説明されなくても伝わってます」と言っているようで、失礼な印象になります。**やせすぎた要約もNGなのです。

要約は、相手が話した長さの半分ぐらいでまとめるのがオススメです。

共感的に聞いてもらえたと感じると、人は本音を話し、感情の浄化が進むのです。浄化が進み、気分が良くなれば、元気が出てくるので、解決へ向けた発想がその人の中から生まれます。

得意げに「つまり、あなたが言いたいのはこういうことですよね」と叩きつけるように伝える要約は相手ファーストでなく、独りよがりな要約です。それでは誰も救われません。

いつも、相手の気分が良くなるにはどうしたらいいかを考えることが大切です。

独りよがりでなく、相手ファーストな要約をする!

24
要約で結論を見つけ出す

要約のメリットの2点目に、**「重要な点から、端的にわかりやすく伝えることができる」**ということがあります。要約とは、相手の話が長々と続く場合でも相手が一番言いたいこと＝主訴を理解し、重要なポイントをピックアップしてまとめることです。

お客様「うちの会社は技術畑の人間が多いから、職人気質というか……。設計や製造に関する仕事は残業も厭わず、集中してやってくれる社員が多いのですが、コミュニケーションが苦手で……。製品の良さには自信があるんだけど、ＰＲできる人がいなくて……」

求人広告の営業「御社の職人の方が丹精込めて作った商品をＰＲできる営業をお探しなのですね？」

お客様「そうなんです！　そんな人を募集するためにはどうしたらいいんでしょう？」

このように相手の話を自分の言葉で要約できると、相手が「私が言いたかったのはそれ！よくぞわかってくれました！」と一気に心の距離が縮まり、仕事につながります。**要約する力は、言い換えれば要点＝結論がわかるようにすること**です。お客様に商品を提案する際や、上司に報告する際は、**結論＝着地点がわかるように伝えると、聞く方はずっと話が**

聞きやすくなり、わかりやすいと感じます。

先ほどの求人広告の営業の場合、「今回は、貴社の売り上げを上げるための求人のご提案に参りました。職人技が光る商品をＰＲできる営業担当がいれば、現在の社員の負担を増やすことなく、貴社の商品を求めるお客様が増えるはずです」といったイメージです。

相手の話を聞きながら要約する力を鍛えることで、要約の力をひっくり返し、結論からわかりやすく伝える力も養うことができます。

たとえば、初めて訪問した会社で、「とにかくついてきてください」と言われるより、「今から、応接室にご案内します」と言われた方が安心してついていけます。着地点がわかるというのは、聞き手にとって安心なのです。私の友人も新入社員時代に報告が長くなりがちで、上司から「結論から言え！」と注意を受けたので枕詞を「結論はですね……」にする訓練をしました。最終的に上司から「結論、結論うるさい！」と叱られるほどになったといいます。話を聞きながら要約できる力をつければ、結論からわかりやすく話す話し方もマスターできます。

要約で、結論から話す力も身につけられる！

25 本質をつかむと提案の幅が広がる

要約の3つ目のメリットは、**「重要点＝本質をつかむことで、新たな提案ができる」**ということです。

要約で、相手の一番言いたいこと＝主訴を理解することは、話の本質をつかむことなので、実は応用範囲が広いのです。

《カフェでの例》

お客様「ちょっと、空調の温度を上げてもらえますか？」

店員「すみません、このビルは全体空調で温度調整ができないんです」

これは、お客様は空調の温度を上げたいわけではなく、「寒さを緩和したい」というのが本質です。そこを理解できれば、

お客様「ちょっと、空調の温度を上げてもらえますか？」

店員「寒いでしょうか？　空調での温度調整はできないのですが、ひざ掛けをお持ちしますね」

などと別の提案ができます。ひざ掛けがなければ、「では、体が温まるようにコーヒー

を少し温度高めにしてお持ちしますね」などと応用がききます。お客様も、別の提案で自分の要望を叶えてくれたと感じれば、満足度が上がります。

よくマーケティングで使われる事例があります。

お客様「キリはありますか？」

店員「何にお使いですか？」

お客様「壁に穴を開けたいのです」

店員「では、キリよりも電動ドリルがオススメです」

お客様の質問に、店員が「売り場にご案内します」と言うこともできますが、それでは応用がきいていません。キリが置いていなければ、販売もできません。しかし、お客様の「壁に穴を開けたい」という本質的な欲求を理解できれば、新たな提案ができます。

同様に、相手の話をよく聞き、**主訴＝話の本質をつかむことができれば、ビジネスの現場でも提案の幅が広がります**。本質をつかむためには、普段から相手の主訴を理解することや要約する訓練をすることがオススメです。言葉ではなく、背景にある相手の感情を汲むことが大切です。

本質（＝感情）をつかもう！

26 関心を寄せる

「興味がない人の話を聞くのは苦手で……」

「相手に興味がないせいか、相手に関心を向けることができません」

という人がいます。現時点で相手から得るものがなければ、相手の話を聞くより、本でも読みたいというコスパ重視の思考です。

もちろんそれも選択肢の1つですが、もし神様が現れて「この人は10年後にあなたの結婚相手になる人です」とか、「この人は5年後にあなたに大きなチャンスをもたらします」と言われたらどうでしょうか。今まで興味がなくても、相手のことが急に気になり出すのではないでしょうか？

トップセールスパーソンのAさんは毎日、いろいろな人に会いに行きます。相手と出会う前から彼は、**「もしかして、次に会う人は自分の運命を変えてくれる人かもしれない」と思って、会いに行く**そうです。だから、どんな相手にでも興味関心を持つことができ、その姿勢で相手の話を聞いて質問をするので、相手から好かれる確率が高いのです。

このときに、自分のサービスを買ってくれるかどうか、お客様になってくれるかどうかということは、考えないといいます。

そして、自分は必要としなくても、出会った人を必要としている人に紹介して喜ばれています。そんなおせっかいマッチングをしていると、自然に多くの人から信頼され、その結果、自分のサービスも選んでもらえるので、トップセールスパーソンになっているのです。

しかし、売れない営業は少し相手と話して、相手が自分から商品やサービスを購入しないとわかると興味を失ったり、「もう用はない」とばかりに冷たくなったりします。

相手がお客様になるなら興味を示すが、そうでなければ示さないというのは、損得で相手を値踏みしています。メリットがあるから自分に興味があるということは、それがなくなれば、自分から離れていきます。**人は、損得で自分に近づく人を危険視します**。決して信頼しません。拙書『なぜか好かれる人がやっている100の習慣』(明日香出版社)でも紹介しましたが、人間関係にコスパを持ち込むと、損をすることが多いです。

そのため、**損得なく相手に関心が寄せられる人は、人間関係でもビジネスでもそれだけで、成功する確率が高いのです。**

「自分の運命を変えてくれる人かも?」と思って接しよう!

27 相手が持っていないものを自慢しない

正直な人がやりがちですが、何気ない質問で、相手の地雷を踏んでしまうことがあります。たとえば、「子どもは産まないの？　結婚はいつでもできるけど、子どもを産むにはタイムリミットがあるからね」などと言う人がいます。

本人は自分が子どもを産んで幸せなので、他の人にも勧めただけなのでしょうが、独身の人からしてみると「結婚相手もいないのに、子どもを産めってこと？　シングルマザーで子育てする大変さを知らないから言っているの？」と思うでしょう。

また、独身の人に「結婚しないの？　恋人もいないの？　はぁ～（ため息をつく）」と言う人もいますが、独身でいることは犯罪ではありません。ここまでプレッシャーをかける必要があるでしょうか？

反対に自分が子育て中で働いていないときに、「いつから職場復帰するの？　あまり家にいると社会との接点がなくなるよね」などと言われるのも辛いものです。

私は、癌になり「女性ホルモンで大きくなる癌だから、乳製品の摂りすぎも良くなかったかも……」と話した際に、友人から「良かった。私はカフェオレとか乳製品が多いものをあんまり摂らないから」と言われたことがあります。

本人に悪気はなく、「癌にならない生活習慣で良かった」と正直に言っただけですが、癌になった人からしたら、配慮のない一言に聞こえます。だから**相手の背景を理解した上で、会話を選ぶ**ことが重要です。

たとえば、独身の人に「おひとり様」と言うことがありますが、旅行など楽しいことならまだしも、他のことで「おひとり様」と言われたくないという人も多いものです。

このように、今働いていないことに後ろめたさを感じている人に仕事の話をしない。**今、悩みがあり苦しんでいる人に、自分の幸せな話をしないのが、配慮のある会話です。会話の内容はいつも、相手が話したい内容を選ぶ**ことです。独身で仕事をバリバリしている人には「お仕事お忙しいですか？」、子育て中の人には「お子さん、大きくなりましたね」など**相手の興味関心がある話題を選ぶ**ことが重要です。

少なくとも、相手が持っていないものの話をしないことが賢明です。


相手の背景に合った話題を選ぶ！

28
聞き方で人間関係はうまくいく

私が担当したカウンセラー養成講座の受講生の中には、独立してお仕事をしていらっしゃる方もいます。

卒業生のAさんは、パーソナルカラーやメイクの講座を開催しています。彼女の人柄や接客によって、お客様が絶えることはありません。

そんな彼女も「傾聴を身につけていなかったら、お客様とどのように接したらいいかわからないし、独立できなかったかも」と言います。

傾聴を身につけることで、「何かしゃべらなくては……」「アドバイスしなきゃ……」という考えから抜け出し、ただ聞くだけでもコミュニケーションは取れるということに気づいたのです。

お客様の話を「聞かせていただく」という姿勢で聞いていると、「最近、何を着たらいいのかわからなくて……」などと、様々な悩み事をお客様の方からどんどん話してくれるようになったといいます。

お客様の好みやライフスタイルを聞き出すことで、お客様を深く理解し、最適な提案ができるため、お客様のリピートや紹介も後を絶ちません。だから高い宣伝広告費は必要ありません。彼女は、聞くこと＝お客様が話すことが、満足感につながるということを知っているのです。**相手や相手の価値観を大切に話を聞くことは、手ぶらでいつでもどこでもできる、求心力をアップさせるスキルなのです。**

そんな彼女も、傾聴を学ぶ前はコミュニケーションがかなり苦手だったそうです。

しかし、傾聴を身につけてからは人間関係がラクになり、人が好きになり、そして人と話すことも好きになり、生きやすくなったといいます。

ママ友の集まりでも、無理に話題を探すのではなく、相手が今気になっていること、関心のあることを自然に見つけて話を聞くようにすると、「今度はいつ会える？」と慕われることが増えたからです。

「すべての悩みは対人関係の悩みである」とアドラー心理学のアルフレッド・アドラーも言っていますが、その**人間関係を劇的に良くする秘策は、実は傾聴にあるのです。**一見、地味で誰もが軽視しがちですが、実はこのように大きな力を持っているのが聞くことなのです。

聞くことで求心力がアップする！

29 「ねぇ、私の話聞いてる？」と言われたらアウト

「ねぇ、私の話聞いてる？」と言われたら、聞き方を失敗しています。

Aさんは食事中や相手が話しているときも携帯電話をいじり続けます。彼女から「ねぇ、私の話聞いてる？」と聞かれると、「聞いているよ。メールすればいいんでしょ」と返事をします。たしかに内容は理解していますが、彼女の「聞いてもらえた感」はゼロです。

相手の話を音としては捉えていても、気持ちを捉えていなければ、その聞き方は0点です。目線を合わせていないことも、相手に「自分は大切にされていない。寂しい」と感じさせてしまいます。

普段の会話でも、

夫「明日、銀行で記帳してきてくれる？」

妻「いいよ」

夫「午前中にお願い」

妻「仕事の合間に行くから、時間の確約はできないから、自分で行ってきたら？」

夫「早い方がいいんだよね」

妻「人の話聞いてる?」

このように、自分の都合だけで話すと、相手は「私の話、聞いてないよね」と感じます。

聞いてほしいのは、「言葉」よりも「気持ち」です。「私」を見ることで、「私の心」を見てほしいのです。

だから、視線も姿勢も内容も集中してしっかり聞く必要があるのです。カウンセリングは肉体労働だと言われます。それぐらい、人の話を真剣に聞くというのは疲れるものです。

相手の気持ちをつかむ人たちは、うっかり「ねぇ、私の話聞いてる?」と言われてしまった後のリカバリーが上手です。「ごめん、急ぎの仕事のメールが来ていて。もう一度教えてくれる?」などと相手に「聞いていない」と感じさせたことを素直に謝って、誠心誠意話を聞きます。自分が大切にされていると感じれば、相手の機嫌も直ります。

旧約聖書にも「賢者は聞き、愚者は語る」と書かれています。しっかりと聞いた方が、相手も満足し、聞く時間も短くて済みます。

相手の、「聞いてもらえた感」を高めよう!

30 「ノリが良い」＝「聞き上手」ではない

関西でコーチングをやっている友人は、コーチングの初回講座で講師が「コーチングは、聞き方が10割です」と言うのを聞いて、「えぇ！　私、ムリ！　だって、自分大好きやし、話すのが好きやのに」と思ったそうです。

関西人の会話といえば、リアクションの良さです。手刀で切られたら「やられた〜」と倒れる。指ピストルで打たれたら「ウッ！」と胸を押さえて倒れ込むのは基本中の基本です。

そんな関西育ちの彼女は、幼い頃から人の話に「ええ、そうなん！」「ほんま、それ！」と身振り手振りをつけながら、ノリノリのリアクションをしていました。

でも、実際は、話はたいして聞いておらず、「自分がいつ、会話に割って入るか？」「自分がいかに笑いを取るか？」ばかり考えていたといいます。だから、会話はいつも盛り上がるけど、相手から深い話が聞けることはなかったそうです。人は傾聴してくれる相手に、もっと自分の深い部分も話したくなるのです。ノリが良いだけの会話は、広く浅く人間関係を広げていくのにはいいかもしれませんが、じっくり深い人間関係を築いていくことはできません。人生においては、浅い関係の人よりも深い信頼関係を結んでいる人が多くいた方が、安心して楽しく暮らしていけることは間違いありません。だから**人の話が聞ける人はいい人生が送れる**のです。

「プロ奢ラレヤー」と名乗る中島太一さんは、毎月50〜60名の人に話を聞く対価として、食事を奢ってもらいながら生計を立てています。彼はインタビューで、「人間はアウトプット欲求があるというのは嘘。みんな喋る相手がいないだけ。喋りたいことを喋ったり、考え得ないことを質問される機会が一般の社会に用意されていない。自分が苦労して獲得した教養や仕事の話を上手に聞いてくれる人がいない。だから、満たされない。だから、アウトプットすることで評価されるしかないと思ってアウトプットしているだけ。みんな話し相手が欲しいだけ」と話されていました。彼は相手の秘密を守り、一番話したいことを聞く、その傾聴力で多くの人から求められているのです。

「自分の話を聞いてほしい」というのは普遍的な欲求です。それをカウンセラーやコーチで満たす人もいれば、プロ奢ラレヤーで満たす若者もいます。だからあなたが傾聴力を身につければ、あなたに会いたいという人が増えることは間違いありません。

広さより、深さを大切にしよう！

第 3 章

相手が心を開く
聞き方編

31 初対面でも旧知の仲のように感じさせる聞き方

初対面でも、出身校が同じなどといった共通点を知ると、急に親近感が湧いて会話が弾んだ経験はありませんか？

これは、**共通点があると一気に心理的な距離が縮まる「類似性の法則」**が働くためです。

私たちは服装、表情、行動、価値観など、無意識に自分に似た人に安心感や信頼感を覚えます。それはなぜでしょうか？

実は、私たちの太古の記憶・本能がそうさせるのです。太古の時代、自分とは似ても似つかない動物と出会うと殺されてしまう危険がありました。外国では、違う部族同士がそれぞれの縄張りに入ると戦になり、殺されてしまうところもありました。

人は知らない＝コントロール不能と考え、恐れるものなのです。

だから、相手に安心感や信頼感を抱いてもらうには、共通点を探し、相手に合わせることで「自分と似ている」と抱いてもらうことが重要です。

これをＮＬＰ（Neuro Linguistic Programing：神経言語プログラム）心理学では、「ペーシング（＝同調行動）」といいます。

呼吸や仕草、話すスピードなどを相手に合わせることで、無意識的な部分で深い信頼関係を築く基本スキルです。

話しやすい雰囲気の人は、自然に相手の言葉を繰り返すなどのペーシング（同調行動）をしています。

反対に、**会話で相手を不快にする人は、無意識にディスペーシング（反同調行動）をしています。**たとえば、次のような会話です。

Ａ「冬は寒くて、出かけるのが億劫になってしまって……」

Ｂ「私は、寒くても平気で、どこでも行きますよ！」

悪気なく正直に答えているつもりが、ディスペーシングになっているのです。相手に同意はできなくても「寒いと出かけるのが億劫になるんですねー」とペーシングした方が、相手は気分良く話してくれます。

このように仕事でも恋愛でも、相手から好かれる人はペーシングしながら話を聞いているのです。

相手との共通点を増やすようにペーシングする！

32 無意識に安心と信頼を与える

会話の中で、相手に安心感や信頼感を感じてもらうためには、相手に合わせるペーシング(同調行動)が大切だとお伝えしました。では、何に合わせていくのが良いのでしょうか？

それは、相手の無意識です。

意識は言葉であり、思考です。私たちが考えごとをするときには、いつも頭の中で言葉がまわっています。言葉なしに考えることはできません。だから、私たちが、何か考えているとき、私たちは意識的であるといえます。

無意識は身体的な感覚です。私は別名「なんとなく」と呼んでいます。

「何か後ろ髪引かれる」「なんだか胸騒ぎがする」「この人は話しやすいけど、この人は話しにくい」というのは、理論・理屈ではなく肌で感じる感覚です。

私たちが普段使っている意識と無意識の割合とは、どのぐらいでしょうか？

1：9など諸説ありますが、どの学説も無意識の方がパワフルだということに違いはありません。

つまり、**無意識を制する人がコミュニケーションを制するのです。**

会話でも、言葉そのものは意識的なものです。相手の言葉を繰り返すだけでも、ペーシングはできます。

しかし、**呼吸や相手の仕草、話すスピード、話し方をペーシングする方が、無意識的な部分を合わせているので、より深い部分で安心感や信頼感を与えることができるのです。**

そして、安心感や信頼感には、「感」という字が使われています。つまり、考えさせて得られるものではなく、感じさせて得られるものなのです。無意識＝身体的な感覚で「この人は安心だ。この人は信頼できる」と感じてもらうことで、相手が本音で話してくれるのです。

無意識的な部分でも、呼吸は特に重要です。生命を司っている呼吸を合わせることは、相手にとても深い安心感を与えます。

呼吸のペースは、話すスピードにあらわれます。だから早口の相手には早めの相槌、ゆっくり話す人にはこちらもゆっくりしたスピードで話を聞くと、安心感や信頼感が生まれ、親しくなれます。

呼吸や話すスピードを相手に合わせよう！

33 真似すると魅力がUPする

人は自分に似た人に安心感や信頼感を抱きます。ビジネスで成果をあげる人やモテる人は会話の中で、自然に相手に合わせるペーシング（同調行動）が上手なのです。**相手の仕草や言動をミラー（鏡）のように自然に真似することを「ミラーリング」といいます。**

《表情》笑顔の人は、真顔の人を見ると堅物、冷たそう、暗そうな人だと感じます。反対に真顔の人が笑顔の多い人を見るとニヤニヤしたお調子者と感じます。

《動作》動作が速い人は、ゆっくりな人を鈍臭いと感じます。反対に動作がゆっくりな人が、速い人を見るとせっかちな人に見えます。

《ジェスチャー》身振り手振りが多い人は少ない人を、サービス精神のない人と捉えます。反対に身振り手振りの少ない人は、多い人を落ち着きのない人と捉えます。

《服装》スーツなどフォーマルな服装の人は、カジュアルな服装の人をだらしないと感じます。ラフな服装を好む人は、フォーマルな服装の人を堅苦しいと感じます。

普段から、相手の表情、仕草、姿勢、服装、話し方などをしっかり見て真似る＝ミラーリングすることで「なんか、この人とは合うかも？」と感じてもらうことができます。

ただ、自分が営業として訪問した先で、取引先の社長が足を組んでいたのでミラーリングで自分も足を組むというのは、相手から偉そうだと思われます。相手が足を組んでいたら、自分はテーブルの上で手を重ねて置く、指を絡めて話を聞くなど、少しずらして合わせていきます。

私がコーチングを学んでいるとき、ペアの相手が、私が髪をかき上げるとすぐに同じようにミラーリングして仕草を真似たのですが、私はとても不快に感じ、話す気がなくなりました。**ミラーリングは100%真似をして、相手に気づかれては台無しです。完コピは相手に不快感を与えるからです。**

仲が良い人は、カフェではコーヒーを飲むタイミングが一緒です。これは、ナチュラルペーシングです。自然にタイミングが合ってしまうのです。だから、昔から仲の良い人たちのことを「息が合っている」と言ったのです。私たちは仲の良い人には自然にペーシングをしています。意識して行うときは、**不自然にならないよう、相手に合わせるのは70%程度が適切です。**

完コピはしない！

34 引き寄せるのではなく、寄り添う

相手と意思疎通を図る方法に、「ペース&リード」というものがあります。ペース（ペーシング）は相手に合わせることで、リード（リーディング）は相手を導くことです。

たとえば、教室の前で子どもたちが騒いでいたとして、「授業始まっているよ！　早く教室へ入りなさい！」と突然リードをしても、子どもたちは騒ぎ続けてなかなか教室に入りません。しかし、ペーシングで、「なんか、楽しそうだね？」と子どもたちと一緒の目線で言ってから、「でも、もう授業が始まる時間だから、教室に入ろうね！」と言うと、子どもたちは素直に教室に入ります。

このように、先にペーシングで相手を安心させ、次にリーディング＝導いていくのが「ペース&リード」の基本です。

徹底した相手目線がなければ、人は心を開きません。強引にこちらに引き寄せるのではなく、相手の立場に寄り添うのです。

話の聞き方も同様です。悩んで、元気なく話している相手に、「何？　元気ないじゃん！

大丈夫!?」とハイテンションで話を聞くのはディスペーシング（＝反同調行動）です。これでは、安心感は生まれません。最終的に励まし、勇気づけるつもりでも、**まずはペーシングで相手に心模様も仕草や雰囲気も合わせることが大切なのです。相手が心を開いていなければ、導くことができないからです。**

元気のない相手には最初は「大丈夫？　話を聞くことぐらいしかできないけど、何でも話して」と落ち着いた雰囲気でペーシングします。話を聞きながらラポール（＝信頼関係）が十分できた、相手に少し元気が出てきたと感じたら、相手の表情を見ながら自分が少しずつ笑顔を増やしたり、声にハリを持たせるなど、リードしていくことが大切です。

いつも、ペーシングで相手の気持ちに寄り添って聞くことが先でなければ、こちらが何を伝えても相手に響かないのです。

ペーシングなしで、リーディングは不可能と知ろう！

35 相手の利き感覚に合わせる

あなたの利き手は右手でしょうか？　左手でしょうか？

利き手があるように私たちには、利き足もあります。利き足は、普段、最初に踏み出す方、後ろから押されてとっさに前に出る方の足だと言われています。

では、なぜ私たちは手や足、目も二つあるのに、よく使うのは一方に偏っているのでしょうか？

それは、意識と無意識に関係しています。意識と無意識の割合は諸説ありますが、1：9などで無意識が優位だとお伝えしました。意識はいつも1つのことしか捉えることができません。だから、この本を読むという行動をとっていると、空調の音や座っている椅子の感覚を得ることができません。

では耳やお尻の感覚が麻痺していたかといえば、そうではありません。意識が文字を読むという1つのことに集中しているとき、他の五感で感じていることはすべて無意識に落ちていきます。パソコンでできることはかなりたくさんありますが、エクセルで入力作業をしていると、裏でブラウザやワードを立ち上げることはできても、エクセルとワードの入力作業を同時にできないのと同じです。

だから、手や足が2つあっても、意識がどちらか1つしか捉えることができないので、偏った使い方になり、利き手、利き足、利き目が生まれるのです。

私たちは世界を、五感を使って理解しています。脳で理解していると考えがちですが、脳は五感がなければ機能しません。

たとえば映画館でも、映画がスクリーンに投影されなければ真っ暗なままであるように、脳も目を開けることで様々な視覚情報を得ることができるのです。NLP心理学では五感を視覚(Visual)、聴覚(Auditory)、身体感覚（Kinesthetic）の3つに分類し、代表システム（VAKモデル）と呼んでいます。

利き手があるように、人には使い慣れた利き感覚があります。その感覚を使って、外部情報を認識し、他者とコミュニケーションを取っているのです。

会話をする際に、意思疎通がスムーズに行われるかどうかは、どれぐらい相手の利き感覚に合わせているか（＝ペーシングしているか）が影響します。

人には利き感覚があると知ろう！

36 自分の利き感覚を知る

前項でご紹介したVAKモデルでは次の4つを観察することで、相手がどのような方法で脳内の情報にアクセスしているか知ることができます。

①目の動き　②呼吸　③声のトーンやスピード　④姿勢

あなたの利き感覚は視覚（Visual）、聴覚（Auditory）、身体感覚（Kinesthetic）の3つのうちどれにあてはまるでしょうか？　ここで1つワークとして、左ページのVAKモデルの図で利き感覚のファーストチェックをしてみましょう。

目を閉じて「海」という言葉を聞くと、どんな五感が刺激されますか？

①砂浜やビーチで遊ぶ人たちなど…**視覚Vタイプ**

②カモメの声や波の音など…**聴覚Aタイプ**

③海の水の冷たさや、日差しの強さなど…**身体感覚Kタイプ**

右利きでも、左手がまったく使えないわけではないように、最終的には視覚・聴覚・身体感覚すべての五感を使って海をイメージするのですが、一番に浮かんできたものや、強く感じたものが優位感覚である可能性が高いです。

VAK モデル

自分の利き感覚をチェックしよう！

V 視覚的要素 ビジュアル型

1.比較的早口で高い声で話す。質問に即答する。

2.物事を頭の中で映像処理しているので素早い反応ができる。

3.目線は上の方を向いている。

4.胸の上や肩で浅い呼吸。

5.「見る」「視点」など視覚につながる言葉をよく使う。

Vタイプがよく使う言葉

見る
焦点
明らかにする
見つめる
注目する
描く
観察する
想像する
想い描く
見守る

A 聴覚的要素 オーディオ型

1.明瞭な声で、滑らかに話す。

2.物事を図形や感覚ではなく論理的に考える。人に伝えるときも論理的に話して聞かせることを好む。

3.目線は横に動く。

4.胸全体で平らに呼吸する。

5.「聞こえる」「考える」など聴覚につながる言葉を使う。

Aタイプがよく使う言葉

言う
聞こえる
共鳴する
響く
強調する
尋ねる
口に出す
こだまする
批評する
討論する

K 身体感覚的要素 キネスセティック型

1.比較的低い声でゆっくりと話す。

2.頭で考えるのではなく、身体で感じたことを言葉にするため、反応に時間がかかる。

3.目線は下を向いている。

4.お腹のあたりでゆっくりと呼吸する。

5.「感じる」「把握する」など身体感覚につながる言葉を使う。

Kタイプがよく使う言葉

触る
つかむ
接触する
扱う
握る
手応えのある
温かい
重い
身を切るような
震える

37

早口で話が飛ぶ「視覚Vタイプ」

VAKモデルで視覚（Visual）が優位なVタイプは、頭の中で物事を映像で処理します。だから頭に思い浮かべる大量の視覚情報を相手に一気に伝えようと早口で話します。

私の分析では、タレントの明石家さんまさんはVタイプです。早口で視線が上向き、上体が反りぎみになり、高めの声で話します。頭の回転が速く、何かを考えるときは、視線が上の方を向いています。

Vタイプの人は、本でもパワーポイントでも文字だけのものより、イラストや写真、図などビジュアルがあるものを好みます。レストランのメニューも、美味しそうな写真が決め手となり注文します。服などを買うときもデザインを重視することが多く、デザイン重視で買ったサンダルが、足に合わなくて履けないなんてこともあります。

Vタイプは早口なので、Vタイプの人の話を聞くときは相槌をテンポ良く打つこと、「この問題をどう見てますか？」などビジュアルをイメージさせる言葉を使うと、会話が盛り上がります。

頭の中の映像が次々に切り替わるために話が飛びやすいので、不明点は「こんな感じですか？」と自分のイメージと相違がないか確認すると良いでしょう。

また、**何かを説明するときは、図や写真を見せながら説明するのが効果的です。**文字ばかりで説明するより素早く理解してもらうことができます。

見晴らしが良い空間で話すと、Vタイプの人の気分が良くなり会話が弾みます。反対に、薄汚れたお店に誘うとテンションが下がってしまうので注意しましょう。

逆に、Vタイプの人が他のタイプの話を聞く際は、相槌が早くなりがちです。Kタイプなどの沈黙が長かったり、ゆっくり話すタイプには、ゆっくりと話したり、相槌を打つ工夫が必要です。

また、頭の回転が速いのも特徴ですが、相手の話を少し聞いただけで「はい、はい、こういうことね」とわかったつもりになってしまわないようにしましょう。

Vタイプには、ビジュアルに配慮した会話をしよう！

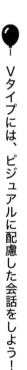

38 雑音が苦手な「聴覚Aタイプ」

VAKモデルで、聴覚（Audicory）が優位なタイプは、物事を図形や感覚ではなく、言葉で論理的に考えます。

音を聞く耳の周りに意識が行きやすく、明瞭な声で、滑らかに話します。

私の分析では、タレントのタモリ（森田一義）さんはAタイプ。落ち着いた声で論理的にお話しされます。

Aタイプは、相手が話した言葉をそのまま繰り返すことが容易で、音楽を聴くことを好みます。30年以上続いた冠番組「笑っていいとも！」でも、タモリさんはゲストや共演者の言葉を正確に覚えておられました。また、ジャズをこよなく愛していることでも知られています。

Aタイプの人は言葉を大切にし、自問自答したり、独り言を言ったりします。講演会などで目を閉じて耳だけ傾けて聞く人はこのタイプです。オーディオ学習にも向いています。

Aタイプの知人は、セミナーに参加すると講師の話を逐語記録のようにすべて正確にメモしています。レストランのメニューも説明書きをよく読んで決め、説明書きがないときは店員さんに「今日のおすすめは?」と聞いたりします。

カフェなど人の話し声がうるさいところでは集中できないので、Aタイプの人と会話をする際は静かな環境を選びましょう。話を聞くときは、「この問題について説明してください」などと聴覚につながる言葉を使って聞くと理解してもらいやすくなります。

Aタイプの人は、論理的に言葉で物事を把握するので、質問する際は5W2Hなどを意識して聞きます。

また、Aタイプの人は、相手を理詰めで追い詰める聞き方をしてしまいがちなので、注意が必要です。Kタイプなど、考えを言葉にするのが苦手な人やVタイプのようにイメージをどんどん伝えるために理路整然と話すのが苦手な人もいるということを知り、相手を追い詰めてしまわないように気をつけましょう。

話を聞く際には、相手をあまり見ずに真顔でメモを取る傾向があるので、アイコンタクトと笑顔を忘れないことも大切です。考えすぎて、理屈っぽく、ノリが悪い印象を与えることがあるので、時には考えるよりも感じることを意識すると、コミュニケーションの幅が広がります。

Aタイプの話は静かな場所で聞く!

39 沈黙が必要な「身体感覚Kタイプ」

ＶＡＫモデルで身体感覚（Kinesthetic）が優位なＫタイプは、物事を頭ではなく身体で感じ、比較的低めの声でゆっくり話します。

私の分析では、お笑いコンビ南海キャンディーズのしずちゃんは、Ｋタイプです。目を下に向けゆっくり話されることが多いです。のちにボクシングを始められたのも、身体を動かして技術を習得するのが得意なタイプだからではと感じました。

Ｋタイプは質問しても、答えるまで長めの沈黙があることが多いのが特徴です。

では、なぜ答えるのに時間がかかるのでしょうか？

私はよく、セミナーで参加者に「砂糖の甘さを砂糖がない国の人に説明するならどう伝えますか？」と質問します。すると皆さんは、考え込んだ後「フルーツやハチミツなど、その国にある甘いものに似ていると説明する」と答えてくれます。このように甘さなど身体で感じていることを言葉にするのは難しいのです。砂糖の甘さを理解するためには、実際に砂糖を舐めて味わうしかありません。

このように体で感じていること言葉にするのは難しいので、Ｋタイプは思ったことをすぐに言葉にできず、即答が苦手なのです。

以前の職場で、上司がKタイプの人の部下に矢継ぎ早に質問し、相手がすぐに答えないと、説明が足りないと思って、さらに話し続けるということをしていました。

しかし、**Kタイプは、早口で多くのことを話されると情報処理が追いつかないので、言葉が出てくるまで待つことが重要です。**

Kタイプにはゆっくりとしたペースの相槌や言葉がけが大切です。

また、沈黙も待ってあげることで相手の理解が進みます。さらにビジネスなら試食や試乗など、触ったり感覚として体験できるような提案が有効です。

Kタイプの人が話を聞く際には、早口の人に合わせて早く相槌などを打つと、相手が何を話しているかわからなくなることが多いです。無理にスピードを相手に合わせるのではなく、相手が一番言いたいことは何かということに意識を合わせて、じっくり聞いていく方が、結果的に相手から好印象を持ってもらえます。

Kタイプには、矢継ぎ早に質問しない！

40

心が通い合う環境を整える

相手が心を開いて話せるかどうかは、話す前から決まっています。外側が内側に影響し、内側のものは外側にあらわれるからです。

たとえば、電球が切れかけてチカチカしていたら、落ち着かない気分になります。ストレスで胃が荒れていると、肌に湿疹ができることがあります。これは、外側の環境と内部の心の状態が影響し合っているからです。

レストランで意中の相手を口説こうと思ったら、テーブルを挟んで向かい合わせに座って、二人の間に何もないスペースを作ってから話し出した方が、障害物がなく、あなたの恋心もストレートに相手に伝わりやすくなります。

心理系のセミナーでは、講師も含め全員で椅子だけで、円になって座ることがあります。講師と受講生の間の机（＝障害）を取り除き、脳のレベルで心が通いやすくするためです。

トップセールスの友人は、お客様が家族と同居されていれば、なるべく許可を得て、ご自宅で話を聞くようにしています。お客様がどんな家に住み、どんな車に乗っていて、家の中に何が飾ってあるかで趣味などもわかるので、カフェでの商談よりお客様の情報がたくさん得られ、話のきっかけづくりや質問もしやすくなるからです。また、どんな家族関係なのかも肌で感じることができ、商談の決定権がご家族にある場合にもすぐに確認が取れるというメリットがあります。

また、単身世帯のお客様は可能なら職場にお邪魔するそうです。会社の雰囲気や仕事ぶりを垣間見ることができれば、相手の話を聞くときに、理解しやすく、深い質問もできるようになるからです。

このように、**外側の環境が人に心理的な影響を与えることを知っている人は、話し出す前から、相手が心を開いてくれやすい環境づくりに余念がありません。**

採用面接では、応募者が自立型の鞄（鞄の底に厚みがあり、足元に置いても倒れないもの）を横に置いて話をすると、話している本人もしっかりと自立した人物に見え、面接官にも好印象を与えます。**自分の見た目を整えることも、相手から信用されるためには重要です**。感じがいいかどうか、心が通い合うかどうかは、話し出す前から決まっているのです。

話し出す前に、外見や環境など外側を整えよう！

41 ポジショニングで心の壁を突破する

満員電車で不快になるのはなぜでしょう？

人にはパーソナルスペースという、他人が入ると不快さを感じる心理的縄張りがあるからです。女性は自分を中心に円を描くように丸く、男性は自分の前方に長く伸びた楕円だとも言われます。

向かい合わせに座ることをコーチングでは「対決姿勢」と呼びます。この姿勢は、緊張感が生まれやすく、意見の一致を難しくするポジショニングです。お互いに目に映る景色が反対になることで、意見が一致しにくくなります。討論番組など意見を白熱させたり、上司が部下に決意表明させる場合は緊張感があっていいのですが、心を開いて話してもらいたい場面には適していません。

一方、恋人同士がカウンターなどで横並びに座ることがありますが、これは「ベンチシート」や「情の姿勢」と呼ばれます。隣り合わせに座ることで見るものが同じになり、意見が一致しやすくなる姿勢です。しかし、初対面やビジネスでは距離が近すぎて、気恥ずかしさを感じます。

オススメはプロカウンセラーも使っている、斜め45度の角度、カタカナのハの字で座る方法です。病院の診察室でも使われている座り方で、「ベンチシート」ほど慣れ慣れしくなく、「対決姿勢」より緊張しない座り方です。

会議も座る位置によって、関係性が変わることが証明されています。これは、スティンザー効果と呼ばれ、アメリカの心理学者スティンザーが会議中に見られる集団心理を研究したものです。

①正面に座る人は反対意見やライバル心を持っている
②隣に座る人は物理的距離が近くなり、心理的距離も近づき、味方になってくれる。
③斜めに座る人は緊張感が緩和され、衝突が起こりにくい敵でも味方でもないニュートラルな関係が期待できる

だから会議で対立しそうな相手とは、横もしくは斜めの位置に座るのが良策です。

ビジネスでは、会話を始める前から交渉が有利になるポジションを取ることが大切です。

座る位置を制する者が、恋も仕事も制する！

42 打ち明け話の極意

ちょっとした打ち明け話から、会話が盛り上がった経験はありませんか？

自己開示は自己開示を促すといわれます。

お客様「最近、歳のせいか物忘れが酷くて……」

営業担当「私もです。やることを付箋でパソコンの横に貼らないとすぐに忘れます……」

お客様「○○さんもそうなんですね！　お互い歳ですかね～（笑）」

これは、「自己開示の返報性」で、自己開示してくれた相手に対して自分も心を開きやすくなる心理です。自己開示のポイントは2点です。

①相手と話の深刻度を合わせる（相手が話しやすくなる程度の自己開示をする）

②過剰な自己開示をしない

先ほどの例で、もし営業担当が「そうですか……。実は私の父は認知症で施設に入っていまして……」と自己開示した場合、会話は盛り上がるでしょうか？

これは、少し相手の話より深刻度が高く、お客様に「お父様、大丈夫ですか？」と気を遣わせてしまい、お客様は自分の悩みを話せなくなります。

また、相手の話の深刻度が高い場合、自分が軽い自己開示をしてしまうとディスペーシングになって、相手と信頼関係を築くのが難しくなります。

次のような場合は、ライトな内容なので、ライトな相槌や自己開示が合っています。

Aさん「私最近太っちゃって……」

友人「そうなの？　私も下腹出てる～」

Aさん「やっぱり？　代謝落ちてきてるよね～。私たち」

友人「うん。間違いない！」

ここで友人が「太ったの？　大丈夫？」と深刻な顔で相槌を打つと、相手は「自分ではそれほど悩んでるわけじゃないけど、困ったな……」と話しにくくなってしまいます。

相手の表情や言葉から、会話の深刻度を読み取り、そこにペーシングする（合わせる）ことが大切です。

相手の話の深刻度に合わせて話そう！

43 会話泥棒にならない

あなたは自分の失敗談や欠点をさらけ出せますか？　また、自分の経験を脚色なく話すことはできますか？

先ほど、自己開示のポイントをお伝えしましたが、「実は私もね……」と相手の話を奪って、永遠と自分の話をするのは、会話泥棒です。相手は自分の気持ちを吐き出すことができず、消化不良になります。

自己開示するのに向いている話題は、相手の話と同様の経験や失敗談です。

部下「初対面のお客様と打ち解けて話すことができなくて……」

上司「そうか。俺も最初は、初対面のお客様と話すと声が震えていたよ」

部下「課長もそうだったんですか？　同じような経験があったのですね（ホッとする）」

このように、**自分が失敗談や弱みをさらけ出すと、相手も「悩んでいるのは自分だけではない」と思い、返報性の原理で、心を開いて話せます。**

しかし、自己開示が自慢話なら話は別です。

上司「打ち解けられない？　俺が新人の頃は、とにかく当たって砕けろで、どんどん飛び込み営業したもんだよ。1日50件とか。『君、元気がいいね！』ってお客様から好かれることも多くてさ。だから、最初は気合、あとは慣れだよ！　悩んでないで、どんどん行けよ！」

　このように部下に共感せず、自分の武勇伝を語るようでは、相手は悩みを打ち明けることができません。

　では、なぜ、自慢話や過剰な自己開示をしてしまうのでしょうか？　それは、自分のセルフイメージが影響しています。**「自分はもっと人から認められるべきだ」と過剰に思ってしまうと、他者からの承認を必要以上に求め、自慢話が増えます。**

　一方、**「自分には価値がない」「自分は取るに足りない人間だ」と思っている人は、他人に対する恐怖心や不信感から自己開示しない傾向があります。**また、依存心が強い人も、「私をわかって」と誰彼構わず、過剰な自己開示を行います。他者との心理的な境界線が不明瞭で、親が子に示すような無償の愛を他人に求めます。つまり、**安定したセルフイメージを持っていないと過剰な自己開示になってしまうのです。**

自慢ではなく失敗談を話そう！

第4章

心をつかむ
傾聴のスキル編

44

花のような傾聴

元教師で現在は全国をまわり、命の授業を展開されている腰塚勇人《こしづかはやと》さんは、スキー事故で首の骨を折り、一生寝たきりと宣言されました。首から下がまったく動かず、舌を噛んで自殺未遂までした彼は、「動けなくても、花のように自分が出会う人の心を和ませることはできるのでは」と考えます。

著書『命の授業』（ダイヤモンド社）の中で紹介されている彼の「5つの誓い」を紹介します。

①口は…人を励ます言葉や感謝の言葉を言うために使おう
②耳は…人の言葉を最後まで聞いてあげるために使おう
③目は…人の良いところを見つけるために使おう
④手足は…人を助けるために使おう
⑤心は…人の痛みがわかるために使おう

という誓いです。腰塚さんは、この誓いを実践し始めて、少しずつ手足が動き始めるという奇跡を起こします。

彼が行ったこの誓いの実践は、カウンセラーやコーチが行う傾聴に通じるものであり、人に寄り添いたいと思う人すべてに必要な傾聴力ではないかと感じました。

相手の良いところや本人が気づいていない能力・長所を見つけてフィードバックしたり、励ましたりする①と③は、コーチングで行う承認のスキルに通じます。たとえば、今は悩んでいて元気のない相手も、その奥には自分で自分の人生をより良くする力を持っていると信じること。励ますことは、相手に困難を乗り切るパワーを与えます。

②の相手の話を最後まで聞く力は、基本中の基本でありながら、普段の会話でも多くの方ができない最も難しいスキルです。

④の手足は人を助けるために使うというのは、人は誰しも、本当は誰かの役に立ちたいと心の深い部分で願っています。

⑤の人の痛みがわかる力は、すべての人に必要な共感力です。人がなぜ話すのかといえば、自分の痛みをわかってほしいからです。

この5つができれば、出会う人の心を花のように和ませることができるのは、言うまでもありません。**真の傾聴とは花のように相手を励ますもの**なのです。

相手の心を和ませよう！

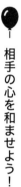

45

安心を呼ぶ3つの態度

傾聴は、臨床心理学者カール・ロジャーズが創始した来談者中心療法（パーソンセンタード・アプローチ）を土台にしています。助言・説得・激励などを用いない「非指示的」な方法で、「簡単受容」（うなずきや相槌）、「内容の再陳述」、「感情の反射」で相談者の発言の重要なポイントを繰り返し、感じていても言語化できていない感情を明確にする「明確化」などの技法を重視しました。

また、技法よりも「人は、自己成長と自己実現の可能性を持っている」という人間観の重要性を伝えています。初心者でも相手を傷つけるリスクが少ないことから、広く普及したアプローチです。もちろん、普段の会話でも有効です。来談者中心療法には「無条件の肯定的配慮」「共感的理解」「自己一致」の３つの基本的態度があります。

◎無条件の肯定的配慮（受容）

無条件の肯定的配慮は一般的には受容と呼ばれます。聞き手が「自分の評価判断を加えず」に相手の考えや感情を「あるがままに受け入れる」ことです。すると、相手は安心し、本音で話し始めたり、自分とじっくりと向き合うことができます。

また「無条件」とは、話し手が「聞き手が望む答えをしなければ」と、聞き手の欲求を満足させるようなあり方をしないことをいいます。

◎共感的理解

相手の体験や感じたことを「あたかも自分自身も同じように」感じ、理解しようとすることです。他者と「喜怒哀楽の感情」を共有することで、良い人間関係を構築する上で不可欠です。ロジャーズは「相手を裁こうとせず、理解しようとしなさい」と言いました。理解されるから人は癒され、自分を大切な存在だと思えるのです。

◎自己一致

自己一致は純粋性ともいいます。聞き手が自分をごまかさず、うわべを飾らず、自分の中の感情を偽らないで相手に接することです。「さっき、相手が言った単語がわからないな……」と思いながら話を聞いても、話に集中できません。「意味を教えてもらえますか？」と自分の感情に素直になることで、相手の話にも耳を傾けられるのです。

基本を身につけると、相手を傷つけることなく信頼関係を構築できます。

相手を傷つけない基本的態度を身につけよう！

46

傾聴が大切な人の居場所をつくる

話を聞けないために、大切な人の孤独感を強めてしまうことがあります。

孤独な人はマルチ商法や違法な宗教に狙われやすいため、お金だけでなく家族や友人との絆を失ってしまうことがあります。

マルチ商法や違法な宗教を信じてしまうと、心配した周囲に「そんなことで儲かるわけないよ」「友達をなくすよ」と言われても、聞く耳を持ちません。会員同士の結びつきが強く、「反対する人は、わかっていない」と他の人間関係を断絶する場合も多々あります。

これは、所属の欲求や承認欲求と大きな関わりがあります。アメリカの心理学者アブラハム・マズローは、「人は自己実現に向かって絶えず成長する生き物である」と仮定し、人の動機付けは次の5つの階層の欲求になっている（＝マズローの法則）としました。

①生理的欲求…食欲・睡眠欲など生命維持に不可欠な欲求

②安全の欲求…災害や病気に脅かされず、生活に困窮することなく暮らしたいという欲求

③所属と愛の欲求（社会的欲求）…家族や社会、何らかの集団に所属したいという欲求

④承認欲求（尊厳の欲求）…自分が認められたいという欲求

⑤自己実現の欲求…自分らしく生きたいという欲求

マルチ商法は、簡単に稼げるという幻想を抱かせることで、違法な宗教では、信じればあの世で救われると信じさせることで、②の安全の欲求を満たせるのではと期待させます。

さらに、優しく、相手の話に耳を傾けて、会員同士の強い仲間意識をつくることで、③の所属と愛の欲求を満たします。人は信頼関係のある人の話を信用します。だから、信頼関係を構築した後で、商品やサービスの良さ、信仰を伝えるのです。すると、本人はそれを信じ込み、マルチ商法でも違法な宗教でも、強引に他者を勧誘しようとします。

また、勧誘できてもできなくても、自分を認め励ましてくれるので、④の承認欲求が満たされ、心地よいのです。大切な人を怪しいコミュニティーに絡め取られないためにも、**普段から相手の話に耳を傾け、承認することが大切です。人は、自分を認めてくれる居場所を心から求めているからです。話を聞くとは、相手の居場所所をつくることなのです。**

聞くことで、所属と愛の欲求を満たす！

47 言葉の武器を持たず、「傾聴」で相手をかわす

SNSの世界ではアンチコメントが闊歩し、巷では他者への批判や中傷があふれています。その中で、ある方が「相手が言葉という武器を持って襲ってくる。だからこちらとしては、言葉を盾に身を守るしかない」とおっしゃっていました。

もちろん、一理あります。アメリカでは銃は身を守る手段だと考えている人も多いものです。しかし、銃による犯罪や事件は減ることがありません。

一方、日本は法律で銃の所持はできませんが、日本ほど安全な国はないと言われます。海外では危険とされますが、日本では夜中に、女性一人で歩いてコンビニに行くこともできます。銃という武器を持っているアメリカより、持っていない日本の方が平和なのです。

インドの独立運動の父、非暴力・不服従の精神で知られるマハトマ・ガンジーは「私が暴力に反対するのは、それが良いことに見えても一時的なものに過ぎず、その悪こそが普遍だからだ」と言っています。

相手の攻撃的な言葉に負けないように言葉を研ぎ澄まし、破壊力のある言葉で相手を打ち負かして「してやったり」とほくそ笑んだとしても、それは束の間。勝ったと思っても、

相手からの恨みを買い、後にまた、無益な戦いを生むのではないでしょうか？

これは、ボクシングでいえば、ガードを上げながら、相手に打たれに行っているようなもので危険です。初めからパンチをもらわないようにかわしていくことが重要です。

たとえば、相手が聞こえよがしに「チェ、本当に使えない奴」などと言ったとしたら「なんですか、その言い方！」と反射的に攻撃し返すのではなく、「え、よく聞こえなかったので、もう一度お願いします」と聞き返すと同じセリフを言えない人がほとんどです。もう一度はっきりと言うのは気まずいからです。こうすれば戦わなくて済みます。

それでも攻撃してくる人はハラスメントの域に達しています。イジメやパワハラなど直接的な攻撃の場合、相手と離れ、適切な対処を取る必要があります。これらを我慢するのは心身が病んでしまうので危険です。

普通の日常生活の場合、基本的に**相手の声に耳を傾け、傾聴で気持ちを汲むことができれば、争いになるリスクが激減します。人は自分の話を聞き、理解してくれる相手に心を開く**からです。批判的な人は不幸で孤独な人が多いものです。

戦う言葉ではなく、聞く耳を持とう！

48 五感で相手を感じる

相手の気持ちを汲むときのスタートは、キャリブレーション＝よく観察することです。

私がカウンセラーになったばかりの頃、先輩カウンセラーから「最初のうちは電話カウンセリングなんてしちゃだめよ。直接会って、相手の息づかいさえ感じるぐらいでなければ、気持ちはわからないから」と言われました。

では、相手を見る力が著しく欠如するとどうなるのでしょうか？

『ケーキの切れない非行少年たち』（新潮社）の著者宮口《みやぐち》幸治《こうじ》氏は、児童精神科医の立場で少年院で多くの非行少年と接している中で、彼らに「苦手なものは？」と聞くと「勉強」と「人と話すこと」と口を揃えて答えたといいます。

宮口氏は、彼らに共通するのは、認知機能の弱さだと著書の中で述べています。

見る力が弱い…相手の表情などから感情が読み取れず、不適切な発言・行動をする

聞く力が弱い…相手が何を言っているかわからず、話についていけない

想像力が弱い…相手の立場を想像できず相手を不快にさせる

このように、見る・聞く・想像する能力が弱いと、人間関係をうまく構築できません。

『ケーキの切れない非行少年』に登場する人物は、見る力が弱いために相手と目が合っただけで、睨んだと思い込んで喧嘩になる。聞く力が弱いので、相手の独り言などを自分の悪口だと思い込んでトラブルになる。想像力が弱いため、未来に目標を立てて努力することが難しく、相手の努力がわからない傾向があります。だから、相手が貯金して買ったであろうものを平気で盗むなどの行為に走ってしまうのです。

宮口氏が言う「想像力」は傾聴でいうところの、**共感力**です。バイクを買うのにアルバイトをして稼ぐのがどれほど大変かという想像力があれば、「盗むと相手が困るだろう。自分が同じ立場なら悲しいはず」と相手の心に共感できます。しかし、認知機能が弱いと、「バイクは欲しいけど、人のものは盗んではいけない」という葛藤も生まれません。人は葛藤があるから自分を修正し、成長させることができます。

五感でしっかり相手を感じる力は、現状を把握し、自分のことばかりでなく、相手の立場を想像し思いやり、適切な行動をとるという現代社会で生き残るための必須の能力でもあるのです。

五感を鍛えよう！

49 決めつけない

私たちは占い師でも、超能力があるわけでもないので、相手の心の中をピタリと言い当てることはできません。だから、何か相手に伝えるときは、断定的に決めつけて伝えるのではなく、自分が感じていることを率直にIメッセージ（私を主語にした言い方）で伝えるのが、押し付けがましくなく有効です。

《YOUメッセージ（あなたを主語にした言い方）》

・「そんな報告は（あなたが）もっと早くしてくれないと困るよ！」

・「あなたは本当にキツイ人ね」

《Iメッセージ（私を主語にした言い方）》

・「（私は）もう少し早めに報告してもらえると助かるんだけどなぁ」

・「（私は）今の一言は傷つくな……。キツイ言葉に感じるんだよね……」

YOUメッセージは決めつけが強く、相手を批判しているように聞こえます。

反対に、Iメッセージは自分の気持ちを伝えているだけです。**上手にIメッセージを使うと、相手に配慮しながら自分の気持ちを伝えることができます。**

私は癌が再発し、病状があまり良くないときでも、比較的普通に生活していました。するといろいろな人から「強い人ですね」「この状況でもあなたは落ち込まないんだよね！」とYOUメッセージをもらいました。もちろん、相手に悪気はありません。むしろ励ますために言ってくれていたのだと思います。

でも、このとき私は「私のことを何もわかっていないな……」と感じてしまいました。わかりやすく嘆き悲しんでそれを表に出す人もいれば、そうでない人もいるのです。人がショックを受けることは、私も当然ショックを受けます。心の中で「私は強くないよ……」「この状態で落ち込まない人がいると思う？　ただ表に出さないだけだよ」と思っていました。

決めつけるのではなく、「私は強い人だなって感じました」「この状況でも落ち込まないのかな？（私は）すごいなって感じました」などとIメッセージで自分の感想を伝えるだけなら、相手を傷つけることはなく、相手を尊重した言葉に聞こえます。

人は、自分が思っていないことをYOUメッセージで決めつけられると、理解されなかったとがっかりしてしまうのです。

Iメッセージで気持ちを伝えよう！

50 「怒り」の奥の「期待」に気づく

「私」を主語にした言い方、Iメッセージを使う方がYOUメッセージ（あなたを主語にした言い方）より決めつけが強くなく、柔らかく相手に伝わるのですが、使い方にちょっとした注意点があります。

彼女「私、時間を守らないあなたを見るとイライラするの。だから時間は守ってほしいな」

上司「私は君が書類をミスしないようにしてくれるとありがたいんだが……」

この返答は、たしかに、YOUメッセージよりは表現は柔らかくなっていますが、言われた相手は、この人のために今後は気をつけようと思うでしょうか？　なんだか責められているように感じませんか？

これは自分の怒りをそのまま表現しているIメッセージです。だから、相手を批判するニュアンスが入ってしまうのです。

心理学では、**怒りは第二感情**だと言われます。では第一感情とはなんでしょうか？

第一感情とは、「期待」です。相手に期待していたのに裏切られたと思うから、腹が立つのです。だから、**Iメッセージを伝えるときは、第一感情の「怒り」をぶつけるのでは**

なく、第二感情の自分の「期待」に気づいてそれを相手に伝える必要があります。

彼女「私、あなたがデートに遅刻してくると気持ちが冷めたんじゃないかと寂しくなるのよ。時間通りにきてくれると安心するわ」

上司「私は君にリーダーになって活躍してほしいと期待しているんだ。だから、書類のチェックはミスがないようにしっかりしてもらいたいんだ」

どうでしょうか？　こんな風に言われると、次回は気をつけようと相手の期待に答えたくなりませんか？

第一感情である素直な期待をしっかり相手に伝えるから、相手の気持ちが動くのです。

自分の中に相手に対する怒りが湧いてきたら、「自分は相手に何を期待していたのだろう？」と自分に問いかけ、自分の感情に気が付くことが大切なのです。

相手に何か伝えるときは、実は自分の心の内側を掘り起こし、整理することが最も重要なのです。

怒りでなく期待を伝える！

51 ＤｏよりもＢｅ

話を聞くときに相手のＤｏ（やり方）だけを見て聞くのか、Ｂｅ（在り方）も見て聞くのかでは、聞き方が大きく変わります。

Ｄｏ（やり方）：行動・行為・すること・物理的なもの・目に見えるもの

Ｂｅ（在り方）：本人がどんな人とこの人生を生きたいか・考え方・心構え・精神的なもの・目に見えないもの

会話の中で、相手のＤｏは言葉として表現されやすいですが、Ｂｅは言葉として表現されないことも多いものです。

なぜなら、Ｂｅは相手の心の深い部分に触れるものなので、誰かに傷つけられないように無意識に心の奥深くに隠してしまうことが多いからです。たとえば、

Ａさん「私は出産するときにお姑さんに何もしてもらえなかったから、自分は、お嫁さんの出産のときにできることはしてあげたい。だからいろいろお世話をして、お嫁さんは喜んでくれたけど、息子におせっかいだと言われて……。本当に悲しい」

私「悲しいよね。Ａさんは、誰かの役に立ちたいんだよね？」

Ａさん「そうよ。本当に（涙ぐむ）」

Ａさんが話したのは、息子さんにおせっかいだと言われたという行動レベルのＤＯの話です。でも私が伝えたのはＡさんが「人の役に立ちたい」と思っているＢｅの部分です。

「自分が理解され受け入れられた」と感じるのは、自分のＤｏよりもＢｅを深く聞いてもらったときなのです。

では、言葉で表現されないＢｅを感じ取るためには、何が大切なのでしょうか？

そのためには、いつも次のことを意識して傾聴する必要があります。

・この人生でどんな人になろうとしているのか？

・最高にその人らしい人生を歩んでいるだろうか？

このように、相手のＢｅを意識して、言葉にあらわれない「本当はどうなりたいのか」「どんな人生を生きたいのか」を考えて聞くことが大切です。

行動から在り方を想像しよう！

52

相手の核を探す

堀江貴文《ほりえたかふみ》さんの『多動力』や前田裕二《まえだゆうじ》さんの『メモの魔力』の担当編集者である幻冬舎の箕輪厚介《みのわこうすけ》さんは、本を作るとき、著者の「核＝本質」を探すことに注力するといいます。

これは、まさに傾聴の主訴（相手の一番話したいこと）を聞くことであり、その中から相手のＢｅ（在り方）を探り当てる聞き方です。

箕輪さんは、YouTubeやテレビなどの無料で視聴できるメディアと本の違いは、「お金を払って自分の人生を変えるものでなければ売れない。本屋に行って１５００円以上お金を出す人はリテラシーがあり、頭がいい人なのでくだらないものは買わない。YouTubeやテレビは盛ること、つまり華やかにすることが大切だが、本は深く著者を掘る、時間のかかる大変な作業。でも、そこで出てきたその人の核となるものは、人間の本質だから、多くの人の悩みに通じるものが多い。それが売れる本になる」といいます。

おそらく、箕輪さんは傾聴訓練などはされていないと思いますが、この**相手の核であり本質＝Ｂｅを聞こうという姿勢があるので、「感情のキーワードを繰り返す」などのスキルを知らなくても、相手の感情の言葉に敏感です。**

箕輪さんがタレントの加藤浩次《かとうこうじ》さんの本を作ろうとインタビューした際に、「加藤さんの兄貴分みたいなカッコよさはどこから来ているのか？」と考えながら話を聞いていると、加藤さんが「芸人同士の飲み会は行かない。だってあれ、仕事もらいに行ってんじゃん。みっともねーじゃん」などと、よく「みっともねーじゃん」と口にするのを発見します。

そして、「必死にカッコ悪いことをやりたくないと我慢して生きる」のが、彼の人生の核だと気がついたといいます。加藤さんの核を発見しようと思って話を聞かなければ、「みっともねーじゃん」という感情のキーワードが繰り返し会話の中に登場することに気づくことはできません。

また、箕輪さんは自分が成功や失敗などたくさんの経験をして、相手の気持ちに共感できるようにしているといいます。

自分の感情に寄り添って共感してくれ、自分がどんな人間なのか、何を大切に生きているかを真剣に理解しようとする人には、誰もが話をしたくなるのではないでしょうか？

これは、取材の極意でもあり、傾聴の本質でもあります。

相手の一番大切な人生観は何かを意識して聞く！

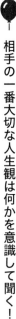

53 自分に最高の参謀をつける

あなたが普段、一番長く話す相手は誰でしょうか？

実は、自分自身です。自己対話は一説では1日5万回以上行われるともいわれています。

傾聴能力が上がると、実は相手だけでなく、自分自身のこともよくわかるようになるのです。

自己洞察が進むと、本当に自分が望む選択ができるようになり、自己卑下、自己嫌悪する時間も激減します。自分の心に対しても、共感的に理解したり、肯定的な質問ができるようになるからです。

コーチングを学んだ友人が、腹が立った出来事について次のように話してくれたことがありました。

「私、痩せてへんけどな、人から『豚』って言われるのは気にならへんねん。でも、『オバハン』って言われるのは嫌やねん。だから、自分の問題やねん」

これは、相手から言われて嫌だと感じる言葉は自分が気にしていたり、コンプレックスに思っていることだけで、気にしていないことは、否定的な言葉を言われても気にならないということです。もし自己洞察が深くなければ、「オバハンって言うなんて失礼ちゃう？」と他者批判だけで終わってしまいます。自分の問題だと言えるのは、友人が普段から、コーチングなどで養った自己対話する力＝自分への傾聴力が高いからです。

「なぜ、自分はあの言葉に腹が立ったのか？」

「自分はどんな価値観を持っているから相手の言葉に反応したのか？」

「言われて嫌な言葉と、そうでない言葉の違いは何なのか？」

などと**怒りを感じたときに、自分に深掘りする質問ができるから、相手をただ責めるだけで終わらず、自分を内観することができる**のです。

傾聴ができるようになると、相手だけでなく自分の心にも寄り添うことができます。すると、内観が進み、自分の価値観に気づき、感情をコントロールすることができるのです。

他人も自分も人間であり、感情があり、自己実現したい欲求は共通だからです。

自分の心の声に耳を傾ける！

54

24時間営業をしない

長い相談話や長電話に悩まされた経験はありませんか？

人の話を聞く能力が向上すると、「あなたに会いたい！」「あなたに話を聞いてほしい」と頼りにされたり、こちらが思っている以上に好意を持ってもらえることが増えます。

影響力が大きくなったともいえますが、その反面、ある悩みが生まれます。

・長時間、悩みや話を聞かされる
・長文の相談メールが来る
・様々な人から好かれる反面、自分があまり仲良くなりたいと思わない相手からも、よく誘われるようになる（※場合によっては付きまとわれるケースもある）

などです。

ある企業のマネージャーは「部下から夜に電話があると重い気分になる。でも、電話に出て話を聞かないと退職者が増えることも経験上わかっているから、出ないわけにもいかなくて……」と言います。

相手から頼りにされるのはいいですが、深夜の電話や長電話に付き合わされるのは大変です。

ベストを尽くすことと無理することは違います。24時間を相手のために捧げていては、自分の精神的なエネルギーを消耗します。だから楽しく、無理なく人の話が聞けるような線引きも必要です。

・「今日は1時間なら話が聞ける」と制限時間を相手に伝える
・「今日は、疲れているから、明日でいい？」と断る
・「今度、会った時に聞きます」とメール相談は困る旨を伝える

このように、しっかり自分を守ることも必要です。

心理学では、あなたの心の状態があなたのパフォーマンスを左右するといわれています。

だから、しっかり境界線を引いて自分のコンディションを整えておくことで、自分も無理することなく、人の話を聞くことができるのです。

境界線を引き、コンディションを整える！

第5章

質問力の高め方編

55

会話はアンテナを立てることから

コーチングなどを習い始めて「会話は質問が大切！」と感じ、「じゃあ、質問集を買おう！」と考える人がいますが、これでは応用がききません。

会話の本質をつかむことが大切です。話の聞き方で大切なのは、大きく２つです。

①主訴をつかむ（相手の言いたいことは何かを理解する）

②相手の気分が良くなる質問をする

人は誰しも自分を理解してほしいと願っています。自分を否定する相手に人は心を開きません。だから、カウンセリングでも受容と共感を大切に、相手の気持ちを汲みながら話を聞きます。それがラポール（信頼関係）を築くための基本です。

さらに、人は気分が良いときにパフォーマンスが上がります。だから、気分が良くなる声かけや質問をしてくれる人に、話を聞いてもらいたくなります。

そして、気分が良くなると買う予定がなかったものまでつい買ってしまいます。トップセールスパーソンやカリスマ販売員は、お客様の気分を良くする質問が上手です。

では、どうすれば主訴をつかむことができるのでしょうか？

まずは、相手を細かく観察することです。**相手を見ることで、表情や態度にあらわれる、相手の言葉にならない気持ちに気づくことができます。**

知人のトップセールスパーソンは、私が少し腕まくりをしただけで「暑い？」とすぐに空調を調節してくれます。相手を見ていなければ、目に見える態度も目に見えない心も捉えることはできません。

カウンセリングの勉強を始めた当初、講師から「傾聴の練習で、3分では短すぎて主訴をつかむのは難しいと言う人がいますが、3分聞いて主訴がつかめない人は、30分聞いても主訴はつかめませんよ」と言われました。

今ならわかるのですが、相手の話が始まったときから、「相手の言いたいことは何？」とアンテナを立てて一生懸命聞く姿勢がなければ、時間がいくらあっても主訴はつかめません。そして、相手をよく見て、相手が何を大切にして生きているかを会話や行動から察することができなければ、相手の気分が良くなる質問をすることもできません。心の矢印をいつも相手に向けておく姿勢が大切なのです。

主訴をつかみ、相手の気分が良くなる質問をしよう！

56

質問力は関心の高さに比例する

「相手と何を話せばいいかわからない」という人は多いものです。

解決策は、話題を提供することではなく、相手の話を聞くことにあります。

相手が気持ち良く、本音を話すためには、相手がしてほしい質問をするという質問力が不可欠です。

そのためには、**相手に興味関心を向けることが最も、パワフルな質問を生み出します。**

反対に、相手に興味関心がなければ、可もなく不可もないありきたりな質問になります。

たとえば、「最近は暑いですね。夏バテしていませんか？」などの天気の話や、「またコロナウイルスの感染者が増えていますね」などの時事ネタです。これで相手の心をつかむのは、難しいですよね。

でも、相手に興味関心があり、または普段よく会っている人なら、相手の変化に気づくことができます。「髪型変えた？」「珍しい柄のネクタイだね？」など、見た目の変化は一番に気づきます。話し出せば、「声に元気がないけど、なんかあった？」と気遣うこともできます。

話の内容から、「新しいプロジェクトを始めたの？　大変じゃない？」など、労いながら、聞いていくこともできます。

初対面でも、名刺交換の際に「〇〇さんという苗字の方と初めて、お会いしました。珍しいですね？」などと相手に関心を持って質問することもできます。

話の中で、**相手にスポットライトを当てて質問をした方が、相手にも自分に興味関心があると感じてもらえます。**

人は自分に興味関心を向けてくれた相手に心惹かれるものです。なぜなら、誰もが自分に一番興味関心があるからです。

会話を盛り上げるために、時事ネタや目新しい話題を仕入れることに必死になるのではなく、相手に興味関心（＝心の矢印）を向けましょう。心の矢印を相手に向けなければ、パワフルな質問や話題を生み出すことはできないのです。

相手にスポットライトを当てて質問しよう！

57 指示を与えるのではなく質問する

Ａ「私はプレゼンが得意です」

Ｂ「私、昔はプレゼンが苦手だったんです……」

Ａのように言われると、聞き手としては「そんなに話が上手なの？　では、お手並みを拝見しよう」と、本当かどうか確認しようという気持ちになりませんか？

一方、Ｂのように言われると「昔は苦手だったってことは、今は得意なんだな」と思うのではないでしょうか。今はどうなのかというわからない部分＝空白を聞き手が勝手に埋めたのです。人は、自分で空白を埋めた方が納得します。

質問は脳に空白（＝わからないこと）を作り出し、私たちは、その空白を埋める答えを探し続けます。

そして、**人は他人に言われたことではなく、自分で出した答えに納得し、行動します。**

コーチングではクライエントが目標達成するためのサポートをしますが、コーチは「痩せるために、毎日腹筋を30回やりましょう」と指示を出すのではなく、「痩せるために何かできることはありますか？」と質問し、クライエント自身が「う〜ん。毎日30回くらいなら腹筋ができそうなので、やります」などと自ら考え、答えを出せるように働きかけます。人から与えられたものではなく、自分で出した答えだからこそ、自発的に行動し目標を達成しようと思えるのです。

上司が部下に、親が子どもに一方的に答えを与え、行動を指示していたら、相手は自分で考えようとせず、依存的で指示待ちの人間になります。やらされ感がいっぱいになり、「やれって言われたからやっている」と言うでしょう。

たとえ誰かの勧めであっても、最後にそれを選択したのは自分なので、本人の責任です。しかし、ただ良かれと思って勧めるだけでは「やらされている」と感じ、やる気も主体性も育たないので、質問して十分考えさせ、相手に「自分で選択した」と感じてもらうことが必要です。だからソクラテスも「質問することは、答えを与えるよりはるかに有効な方法である」と言ったのです。

質問で主体性を高める！

58 オープンクエッションとクローズクエッション

会話が上手な人は「オープンクエッション」と「クローズクエッション」を巧みに使い分けています。

「導入いただいた商品の調子はいかがでしょうか?」「変更をお考えになった理由はございますか?」など**YES・NOでは答えることができない自由回答式の質問が、オープンクエッション**です。

一言では表すことのできない気持ちや本音を聞くことができ、多くの情報を収集できるというメリットがあります。

しかし、オープンクエッションは、回答の範囲が広すぎて、相手からすると答えにくく、心理的負担が発生する場合があります。その場合、事例を含むオープンクエッションにするなど、答える人が回答の範囲をイメージできるようにする工夫が必要です。

たとえば、「コミュニケーションで困っていることはありますか?」というオープンクエッションは、回答の範囲が広く答えにくいものです。そこで事例を補足して、「初対面の人と会うのが緊張する、部下を叱ることができないなど、コミュニケーションについて困っていることはありますか？」と伝えます。この調整が上手な人が会話上手な人です。

カウンセラーの先輩は、緘黙児《かんもくじ》（特定の場面で話せなくなる子ども）のケアにあたっていました。

この際はクローズクエッションが有効です。ＹＥＳ・ＮＯで答えられるので、声を出さなくても、首を縦に振ればＹＥＳ、横に振ればＮＯと答えることができ、言葉を発することに抵抗がある子でも、心理的な負担が少なく、答えやすいのです。

ビジネスでも「お忘れ物はございませんか？」「今回、初めて機械の導入をお考えですか？」など、**回答を素早くもらうことができ、口が重い方でも話すきっかけを作りやすいのがクローズクエッション**です。

「自家用車はお持ちですか？」「他店はご覧になられましたか？」などと聞けば、単刀直入に欲しい情報を聞き出すことはできますが、立て続けにクローズクエッションで質問されると、相手には尋問のように感じられます。表情や質問の間隔に注意が必要です。

また、質問者が回答の範囲を限定しているので、質問したこと以外の情報は入ってきません。会話を広げにくいというデメリットもあります。

心理的負担別で質問を使い分ける！

59 本音まで最短距離で到達する

相手の考えの深まりに合わせて回答の範囲を狭めたり、広げたりするためにオープンクエッションと、クローズクエッションを使い分けて質問すると、短時間で本音にたどり着くことができます。

就活生へのキャリアカウンセリングで、自己PRとして「学生時代に頑張ったことは？」と質問する場合、自己洞察ができている学生には、「なぜ、そうしようと思ったの？」などとオープンクエッションを重ねるだけで、本人の長所が明確になります。

一方、自己洞察する習慣のない学生は、「頑張ったことなんて特にありません……」と話に詰まってしまいます。その際は、「アルバイトはしている？」「サークルには入っている？」などYESかNOで答えることができ、心理的な負担の少ないクローズクエッションから始めます。

そして、「アルバイト先に行ったらまず何をしているの？　1日の仕事の流れは？」と場面を特定したオープンクエッションで、自分がどんな風に仕事をしているかを思い出してもらいます。その後、「そのときに、気をつけていることは？」などと意識している点を聞いていきます。

どんな人でも普段の行動は大抵覚えているので、まずそれを思い出してもらうことで、なぜそれをやろうと思ったかという動機や目的などの意図を引き出すことができます。

自己PRを考える際の順番は、一般的に①意図（なぜ、やろうと思ったのか？）→②行動（何をどのようにやって、どんな工夫をしたのか？）→③感じたこと（行動してどう感じたか）という流れですが、①と③は②の行動を思い出すことで、記憶が思い起こされる場合が多いものです。

ビジネスでも「最近、猛暑ですね。現場の従業員様の熱中症対策はされていますか？」とクローズクエッションで聞いてから、「具体的にどんな対策をされていますか？」とオープンクエッションで聞くなど、**それぞれの質問の回答の範囲を調節しながら質問を重ねると、聞かれた相手も答えやすくなり、相手の本音に最短距離で到達することができるのです。**

まずは、相手がパッと思いつくもの、目に見える行動レベルなどの答えやすい質問をして、考え方や詳細な部分など、普段あまり意識していない部分を浮かび上がらせる質問へと深めていきましょう。

回答の範囲を調節して答えやすくする！

60

相手がしてほしい質問をする

あなたは、普段の会話の中で自分が話したいことではなく、相手が話したい会話をしていますか？

カウンセリングやコーチングの世界では、「**自分が話したいことではなく、相手が話したいことを話してもらう**」というのが基本です。そのためには、相手が話したいことを察し、質問する力が必要です。**普段から相手の興味関心は何かを考え、相手に心の矢印を向けておきます**。

相手の興味関心を探る質問の仕方には、次のようなものがあります。

まず、**以前、相手が話していた話題をもとに質問する**パターンです。

前回の会話で、「今年、孫が小学校へ入学した」といった話を聞いていれば、「お孫さん、お元気ですか？」などと質問してみます。

また、**相手の背景から質問する**ことも効果的です。たとえば、仕事を頑張っている人に対しては、「最近、お仕事お忙しいですか？」、子育てで忙しい人には、「お子さん、大きくなりましたね？　子育て大変じゃないですか？」などです。

ビジネスシーンでは、「新しい商品に買い替えたい」など、商品・サービスの問い合わせをいただいたお客様への質問として、「以前、お使いの商品は何か使いづらい点がございましたか？」と**不便な点等、使い勝手について質問する**などです。

リピートにつながる接客が上手な美容師さんが、「お客様からよく聞くのは、世間話をするのが辛いという話」だと言っていたことがあります。これは美容師側が、なんとか間を持たせようとお客様のしてほしい質問ではなく、自分のしたい質問をしているからです。美容室の場合、来店時にヒアリングシートを記入する場合が多いので、そこに髪のお悩みやよく読む雑誌、好きなタレント、趣味などを記入する欄を設けて、お客様の悩みや興味を知った上で話題にすることが効果的です。

まずは、**相手が関心を持っていることを知った上で会話を進めた方が、自分が勝手に話をするより会話は盛り上がります。さらに、相手を不快にするリスクも減ります。**

相手に話したい話をしてもらうためには、まず相手がしてほしい質問をすることがスタートです。

相手の関心事を質問する！

61 意見言葉を事実言葉に翻訳する

次の訴えは事実でしょうか？ 意見でしょうか？

【例①】部下が上司に「あのアルバイト、いつもサボっているし、何度注意しても反省の色がないんです。辞めさせてください！」

【例②】生徒が教師に「先生、みんなが私のことを嫌っているんです……」

本人たちにとっては事実であり、そう感じていることは間違いありません。

しかし、どちらも意見を述べています。**人は、事実ではなく意見を述べるものなのです。**

事実言葉…客観的で、いつどこで、誰が見ても同じ表現ができるもの

意見言葉…主観的で、見る人によって表現が異なるもの

たとえば、「大きなボール」は意見言葉で、「直径10センチのボール」は事実言葉です。

このように計測可能で、いつどこで、誰が測っても同一の答えになるのが事実言葉です。

コミュニケーションにおいて、いつどこで、誰に聞いても同じということはほとんどないので、多くの人は事実ではなく、意見を言っているのです。だから、**聞き手は意見言葉を事実言葉に翻訳する必要があります。**そこで役に立つのがNLP心理学のメタモデルです。

メタモデルの目的は、①情報収集、②言葉の意味の明確化、③制限の発見、④選択肢の拡大です。これにより、思い込みによる思考停止状態から抜け出すことができます。

メタモデルには「一般化」「歪曲」「省略」があります。「一般化」とは例外や可能性を考慮せず、一部の出来事を全体だと考えることです。「いつも○○だ」「みんな○○だ」は一般化の代表的な表現です。

例①の場合、「いつもサボっているってことだけど、具体的には、いつどれぐらいの頻度でサボっているの？」と具体化することで、情報を集め、事実に辿りつくようにします。

例②の場合、「みんなって誰？」と質問します。すると、仲の悪い人は2、3人で、「全員に嫌われているわけではない」と気づくこともあります。ここで大切なのは、相手の意見を疑って事実を突きつけるのではなく、「嫌われていると感じるんだね」と意見言葉も受け止めることです。すると、相手も受け入れられたと感じ、自己洞察を深められます。

例外を見つけて、可能性を広げよう！

62 漠然とした不安を解消する質問

「お金のことが不安です……」と相談されることがあります。

多くの人は、漠然と不安を感じていると思いますが、具体的にどのように不安なのかが「省略」されています。詳細が不明なために、無意識に不安を大きな壁のように感じ、圧倒されてしまうことがあるのです。

そこで私は、「たとえば、お金についてどんな不安があるか、詳しく教えてもらえますか？」と質問しました。

そうすると、「現在は自営業で売上もあり、貯金もできています。でも、老後に夫婦二人で生活していけるのかが不安で……」と、現在の資金繰りではなく、未来の生活費についての不安ということがわかりました。

具体化できたところで、ファイナンシャルプランナーに相談してみると、今の状態であれば60歳で仕事を引退しても貯金や年金で生活していけることがわかり、不安は解消されました。

頭の中で不安を膨らませるのではなく不安を具体化することが大切です。

そのほかの「省略」に効果的なメタモデルの質問を紹介します。

悩み	質問
私は劣っている（思い込みにハマっている）	誰と比べて？
不幸になるのは目に見えている（断定して、それ以外の結末がないように感じている）	根拠は？
夫婦関係に問題がある（固定化された表現をすることで、解決不能に感じる）	どのような？

省略された情報を質問によって浮かび上がらせることで、悩む必要のないことが明確になったり、解決策が思い浮かぶことがあるのです。

質問で情報を収集し、解決の糸口を見つける！

63 言葉はすぐに歪曲される

「最近、恋人からの連絡が減った。もう冷めてしまったに違いない……」

これは、メタモデルの「歪曲」です。連絡が減ったのは、相手が忙しいだけかもしれません。

このように「歪曲」とは情報を整理せず、自分の思い込みで物事を解釈してしまうことです。

Aさんは、「仕事中に笑っている人なんて、不真面目で許せない」と言います。これも「歪曲」の表現です。「笑う＝不真面目」という方程式には、根拠がありません。にこやかに働いた方が、職場のコミュニケーションが円滑になり、作業効率が上がると考える人もいます。このように因果関係のないものを思い込みで歪曲してしまうこともあるのです。

「歪曲」は偏見、思い込みとも言い換えられます。偏見や思い込みから生じた不快な感情や思考停止で、相手が問題を打破できないときは、メタモデルの質問で、気づきを与えます。「歪曲」に効果的な質問例を紹介します。

悩み	質問
最近の若者は軟弱で困る（何か前提が潜んでいる）	どうしてそう思うの？
笑っている人は不真面目でダメだ（〈X：笑う〉と〈Y：不真面目〉を同じ意味にしている）	どうして、XがYを意味するの？
連絡が減ったから嫌われている（憶測）	どうしてそれがわかるの？

たとえば、Aさんは「仕事は真面目に一生懸命やるべき」という価値観が強いからこそ、笑っていることは不真面目だという「歪曲」を生み出したのです。「最近の若者は軟弱で困る」という人は、「若者はハングリー精神を持つべき」という前提・価値観を持っている可能性があります。**信念や価値観は、人にやる気や動機を与えますが、同時に制限も生み出します**。その制限から解放されるような質問で問題を解決できることもあるのです。

思い込みを解き放とう！

64 相手を追い込む問題志向過去型の質問

部下「遅れてすみません」

上司「なぜ、遅刻したんだ？」

彼女「また、鍵をかけ忘れちゃった」

彼「以前も同じ失敗してるよね？」

相手に対して、こんな言葉がけをしていませんか？　これらは、「問題志向過去型の質問」と呼ばれます。

私たちは、つい「なぜ？」と質問しがちです。「なぜ？」は過去を聞く質問です。

心理学ではよく、**「過去と他人は変えられない」**といわれます。

すでに起こった過去の変えられない出来事を問い詰められると、人は自分を守る安全・安心欲求が働くため、言い訳、言い逃れしか出てきません。

心理療法家のスティーブン・ディシェーザーは「問題についてのコミュニケーションは問題を維持する。解決についてのコミュニケーションは解決を生む」と言っています。

つまり、**問題を解決する際に、原因追及は意味がない**のです。

もちろん、自動車や飛行機など機械が故障した場合は、原因を特定することが不可欠です。原因を追及し、改善しなければ重大な事故につながる可能性があるからです。

しかし、原因追及を**人間関係のトラブルに持ち込むと、「誰が悪いのか？」と犯人探しが始まります。**

職場でも、上層部は「現場の人間が勝手なことばかりするから悪い！」と言い、現場では「上層部が現場を知りもせず、無理な要求をするのが悪い！」とお互いに責任を押しつけ合うことがあります。仮に原因を特定しても、「今後どうすべきなのか？」といった解決策が考えられていないことも多いものです。

これでは相手のモチベーションを下げるだけで、問題は解決しません。

40年以上家族関係の研究を続ける教育学者でベストセラー作家でもあったドロシー・ロー・ノルトが、「子どもは、批判されて育つと、人を責めることを学ぶ」と言っているように、私たちは相手を責めることにあまりにも慣れてしまっているのかもしれません。

まずは、「なぜ？」と聞くのをやめてみませんか？

「なぜ？」と聞かない！

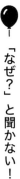

65 やる気を生み出す解決志向未来型の質問

A「なぜ、同じミスが繰り返されるのか？」

B「何があれば、一度した失敗を繰り返さずに済むのか？」

会議でAのテーマで話し合いが行われるとしたらどう感じるでしょうか。ちょっと憂鬱な気分になりませんか？　これは、前項で紹介した問題志向過去型の質問です。

一方、Bは解決志向未来型の質問で、負担を感じることなく会議に参加できます。この質問は、タイムラインが未来にあり、解決にフォーカスしています。

過去・現在・未来というタイムラインのうち、人はどこで考えるのが一番自由度が高いでしょうか？

過去は変えられません。現在も、問題が起こっているときというのは、気持ちが焦っていたり、視野が狭くなりがちです。

つまり、**未来が一番、何の制限もなく自由な発想が可能なのです。**

だから、**タイムラインを未来に設定して、解決にフォーカスした質問をすると、問題解**

決につながりやすいのです。

「このプロジェクトは何があれば前進する？」「課題は今のところ、どこまでできているの？」「痩せるために、試してみたいことは何？」「今までに有効だった方法ってある？」

これらは、すべて解決志向未来型の質問です。

問題志向過去型の質問では、責められていると感じて「きっと無理だろう」と不可能感が高まり、行動できなくなります。

解決志向未来型の質問の場合、「やればできるかも！」と可能感が高まり、チャレンジしようと思えます。

まずは、**可能感が高まる質問でなければ、人は行動を起こす気になれません。**

現状を変えられるのは、行動です。そして、その行動を司っているのは、人の感情です。

だからこそ、解決志向未来型の質問で相手に可能感を与え、行動を生み出す力をサポートすることが重要なのです。

「自分にもできる！」と思わせる質問をしよう！

66 「できない」を「できる」に変える魔法の質問

「私には無理です……」

「そんなことできません」

「僕には難しいです……」

こんなふうに、「自分にはできない」という思考枠に入り込んで、思考停止状態になってしまっている人っていませんか？

あなたなら、そんな相手にどう声をかけますか？

海外の映画では、依頼したことに対して相手が「俺にはできない」と断った際、「もし、できたとしたら？」と、相手が「可能かも？」と思えるまで質問し、最後に、「君ならできるよ」と承認し、依頼を受けてもらうシーンを見かけます。

「もし〜だったとしたら？」という質問をすることで、自分の思い込みの枠組みを外し、違う視点から物事を考えることができるのです。NLP心理学では、「as if（アズ・イフ）フレーム」と呼びます。

「as if フレーム」を活用するポイントは、相手が感じているプレッシャーを取り払って、

話しやすくすることです。「もしも」「たとえば」「仮に」という言葉を使います。

「もし、独立できたとしたら、一年後はどんな風に働いていると思う？」

「たとえば、尊敬する先輩ならこの問題をどう解決すると思う？」

「仮に、相手が交際をＯＫしてくれたらどんな気持ちになる？」

などと、成功をイメージしてもらうことで、新たな視点や可能性を探すことができます。

相対性理論を発表し、今までの科学の常識をひっくり返したアインシュタインは「いかなる問題も、それが発生したのと同じ次元で解決することはできない」と言っています。

「無理だ」と思い込んでいる視点のまま会話をしても、できない理由ばかり挙げられ、不可能感が高まるだけです。突破口を開くためには、相手を「できない」という思考のフレームから「もし、できたとしたら」という思考フレームにワープさせることが重要なのです。

「もしも」という仮定が不安を和らげ、柔軟な発想を生み出すきっかけになります。

「もし、できたとしたら？」と質問し、突破口を開く！

67 ヒーローインタビューで未来を先取りする

夢や目標を達成するためには、どうすればいいのでしょうか？

「やりたいけど、自分には無理かも……」という否定的な考えは誰にでも浮かんでくるものです。そこで、前項で紹介したas ifフレームで「もし〜だったとしたら？」と質問して不安を払拭することで、自由な発想が生まれやすくします。脳はイメージしたものを実現しようとする性質があるので、さらに詳しく、望む結果を達成した自分になりきってもらう質問をします。状況や気持ちを聞くことで、脳が願望を実現した状況を明確にイメージできるからです。

それが、「**ヒーローインタビュー**」です。

脳はイメージと現実の区別がつきません。たとえば、梅干しをイメージするだけでも、唾が出ますよね？　**それを利用して、望む結果を手にした自分をありありと体験してもらうことで、願望の実現を容易にする**のです。

たとえば、次のようなイメージです。

Aさん「彼女は高嶺の花なんで、恋人になるのは難しいかな」

友人「もし付き合えたら、初デートはどこへ行きたい？」

Ａさん「週末に彼女の好きなイタリアンを食べに、レストランに行くかな？」

友人「いいじゃん！　何を食べてどんな話をする？」

Ａさん「トマトパスタ食べながら、この店にずっと君を連れてきたかったんだって話すかな〜」

友人「素敵な休日！　そんなデートができたら、どんな気持ち？」

Ａさん「そりゃー、天にも昇る気持ちだよ！　わー、本当に彼女とこの店に来られた！　って」

友人「最高じゃない！　幸せだね〜。じゃあ、そんなデートをするために、明日からでもできそうな小さな一歩（行動）って何かある？」

こんな感じで、望みが今叶っているかのようにイメージさせ、ワクワクしてもらうことが重要です。話を聞く自分自身もノリノリで、相手の嬉しい気持ちを盛り上げて承認し、ともに喜んでいく聞き方をしましょう。

自分が一番ノリノリで相手に質問しよう！

68 三日坊主を卒業する質問

一年の計は元旦にありといいますが、年始に立てた目標が、三日坊主で終わったという経験はありませんか？

目標達成は勉強、仕事、健康、恋愛など人生のあらゆる場面で必要です。しかし、脳には「馴化《じゅんか》」と呼ばれる、新しい刺激で活性化し、同じ刺激が繰り返されると次第にその活性化が弱まる性質があります。これが三日坊主の原因です。脳は飽きっぽいのです。

「馴化」の速度を遅らせる＝脳を飽きさせないためには、刺激の頻度と強度が高いほど良いとされています。

そこで効果的なのが、ＮＬＰ心理学の「８フレームアウトカム」というフレームワークです。

「アウトカム」とは、手に入れたい成果や目標のことを意味します。

８つのパターン化された質問をすることで、目標が明確になり行動計画が立てやすく、目的達成のスピードが加速します。この質問を定期的に行って脳を刺激することで、三日坊主を防ぐことができます。

〈8フレームアウトカム〉

①達成したい目標は何ですか？（アウトカム）

②目標が達成されたらどのように気づくと思いますか？（証拠・証明）

③目標は、いつ、どこで、誰と達成しますか？（状況）

④目標が達成されたらどんな良い影響、悪い影響があると思いますか？（環境）

⑤A：今すでに持っているもので、目標達成のために役立ちそうなリソース（人脈、情報、経験などの資源）はありますか？

B：目標達成のためにさらに必要なリソース（人脈、情報、経験などの資源）はありますか？

⑥目標達成にブレーキをかけているもの・障害（事象、気持ち）はありますか？（制限）

⑦目標達成は、あなたの人生にとってどんな意味がありますか？（メタアウトカム）

⑧明日からできる小さな一歩は何から始めますか？（行動計画）

目標達成を加速させる質問を身につけよう！

第 6 章

相手を認める聞き方編

69 「らしくない」と言わない

元気のない友人に、「落ち込むなんて、あなたらしくないよ」と言って励まそうとしたことはありませんか？

悪気はなくても、あるがままに受け入れるという無条件の肯定的配慮（受容）を基準に考えると、あまり良い言葉がけとは言えません。

相手は「この人の前ではいつも元気に振る舞わなくていけない」と思い、窮屈に感じるからです。元気なときも、落ち込んでいるときも、同様に受け入れてくれる人の前で、人は心を開いて話すのです。

私は、独立する前にかなり悩んでいて、「独立して食べていけるかどうか不安」と言った際、友人から「それって、逃げだよね」と言われました。

そのとき、友人の心に「独立する勇気のない人がグジグジ言っている」という評価判断があったのだと感じて暗い気持ちになるだけで、独立する勇気が湧いてくることはありませんでした。

一方、私の心理学の師匠に同じ話をすると、師匠は「逃げでも、ええやん。そりゃ、怖いよ」と言ってくれました。

独立に不安を覚えるありのままの自分を認めてもらえたと感じた私は、「よし。失敗してもいいから独立しよう！」と勇気が出てきたのです。

結局、評価判断され「意気地なし！」と責められるよりも、「怖いよね。人間だもの」とありのままの今の自分を認めてもらった方が、人は勇気が湧いてくるものなのです。

他者から「ダメだ！」と批判されると自分自身にも「きっと、自分はダメだろう……」という不可能感が高まって、行動に移すことができなくなるのです。

また、**人は失敗を恐れる相手に対して、「失敗しないようにがんばれ！」と言いがちです。でも、本当は「失敗してもいいよ」と言って、相手をプレッシャーから解放してあげた方が、よほど良いパフォーマンスが生まれます。**

人はいつも精一杯努力しながら生きています。だからありのままの自分を認めてもらうと、生きるパワーが湧いてくるのです。


「ありのままでOK！」と言ってあげよう！

70

相手のハートをつかむ相槌

「うん、うん」「はい、はい」「へー、そうなんだ」「なるほどね」といった相槌ばかりしていませんか？

哲学者のラルフ・ワルド・エマーソンは「理解されることは一種の贅沢である」と言っています。それほど人は、自分の気持ちを理解してほしいと切望しています。だから**心をつかむ達人は、「○○という気持ちだったんだね」と相手の話の中から感情のキーワード（喜怒哀楽）を抜き出し、それを繰り返す相槌を打ちます。**カウンセリングでは、「繰り返し」（「オウム返し」「バックトラッキング」などともいう）と呼ばれる代表的な傾聴のスキルです。

相手の気持ちを汲むことが、本音を話してもらうことにつながります。繰り返すキーワードは出来事ではなく、感情が効果的です。

もちろん、出来事について繰り返すことは、仕事の確認作業としては有効です。

しかし、**相手の本音をつかむなら、相手の喜怒哀楽＝感情のキーワードを繰り返すのが大切です。**繰り返す箇所によって、話の展開が大きく変わります。

「最近、仕事が忙しくて、持病の腰痛が出て辛いんです。でも、人手不足で仕事を休めないんです」と相手が話したとします。

ここで、「お仕事がお忙しいのですね？」と繰り返せば、相手は「実は今、決算時期で……」と仕事の忙しさを語り出すでしょう。

「人手不足なんですね？」と繰り返せば、「今年は定年退職した社員が多くて……」と人手不足の話が広がります。

そして、「持病の腰痛で辛いのですね」と繰り返せば、「そうなんです。3年前にギックリ腰をやってから、毎年冬になると痛み出して……」と辛い気持ちを語り始めるでしょう。

時間は有限です。1秒でも早く相手が最も話したいことにたどり着くようにアンテナを立てて、感情を繰り返すことが大切です。

人は無意識にわかってほしいことを何度も会話の中に登場させます。だから「さっきから、何度もこのキーワードが登場するな」と思ったら、それが相手の話したいことです。素早く繰り返しましょう。相手はいつも、あなたにサインを送っています。

感情のキーワードを短く繰り返そう！

71 相槌を褒め言葉に

研修などで傾聴トレーニングを行ってもらうと、相手が自分の頑張ったことを話していても、「あーなるほど」「はい、はい」などの相槌で終わってしまう人がほとんどです。相槌は打つことができても、承認（褒める・労《ねぎら》う・認める）することが難しいのです。

承認を、「スペシャルな体験にだけ与えるもの」と思うのは勘違いです。

オリンピックで金メダルを獲得する、会社でトップの成績をあげる等、スペシャルな体験をしている人は、ほんの一握りです。スペシャルな体験でなくても、多くの人は日常生活や仕事をコツコツと頑張っています。

だから、当たり前のことを当たり前にできることにも承認を与えていくことが大切です。

実は、自己肯定感を下げる要因の1つは、日常の小さな出来事を先送りすることだといわれています。

「あ、今日も銀行に行くの忘れた！」「月末だけど、まだ経費精算をしていない」「しまった、冷蔵庫のビールの買い置き忘れた」など、日常の細々したことをやっていないと、無意識に「自分はなんでこんなこともできないんだ」と繰り返し自分を責めて、自己肯定感を下げてしまうのです。

だから、**相手が当たり前にできていることに光を当てて承認していくことが、相手のモチベーションを高めて行動を継続させ、ひいては自己肯定感を上げることにもつながる**のです。

相槌は打てるけれど、承認が苦手という人は、相槌を承認に変換するのがオススメです。

「はい、はい」↓「いいですね！」

「へー」↓「へー。ステキ！」

「なるほど」↓「そんなやり方もあるんですね！」

このように、**相手の話に合わせて最後に「！」がつくような言葉で、相手が「自分はなかなかやるな！」「私、いい感じかも！」と思えるような短い単語で承認してみましょう。**

相槌を短い褒め言葉「！」に変換しよう！

72 承認ドケチに注意

最近、誰かを褒めたことはありますか？

コーチングや多くの心理学では、相手にやる気やパワーを与えるために承認のスキルを使います。承認とは「褒める」「労う」「認める」ことで、優しさの一部なのです。

「褒めると調子に乗るから褒めない」「相手を褒めたり認めたりするのは、媚びているようで嫌だ」と、多くの人は、承認のパワーに気がつかず、褒め言葉を出し惜しみしています。

アメリカの心理学者エリック・バーンが開発した、人間関係の改善などに役立つ心理学である「交流分析」では、承認を「プラスのストローク」と呼びます。ストロークとは、愛憎含めた人との触れ合いを意味します。

《精神的なプラスのストローク》笑顔で「おはよう！」と挨拶するなど態度や言葉で、相手が嬉しいと感じる触れ合いをするのが、精神的なプラスのストロークです。

仕事ができる人は、「ありがとうございました」とお客様の姿が見えなくなるまで頭を上げないなど、お辞儀と挨拶が丁寧です。

《身体的なプラスのストローク》抱き締める、頭を撫でるなど

身体に触れて、相手が嬉しいと感じる触れ合いをするのが、身体的なプラスのストロークです。初対面で握手をすると、相手に親近感や好感を与えると言われています。

《精神的なマイナスのストローク》返事をしない、にらむなど

態度や言葉で嫌な気持ちにさせるのが精神的なマイナスのストロークです。

《身体的なマイナスのストローク》お尻を叩く、平手打ちをするなど

身体に触れて、嫌な気持ちにさせるのが身体的なマイナスのストロークです。

人間関係を良くするには、プラスのストローク＝承認が大切です。たとえば、家族が帰宅しても目も合わせず「おかえり」とも言わないのは、マイナスのストロークを与えています。

相手を褒めて、調子に乗らせよう！

人は心の状態が良いときに最高のパフォーマンスを発揮します。だから「褒めて調子に乗ってもらったほうがうまくいく」のです。優しさを承認の言葉にして、出し惜しみしないのがポイントです。

73

無条件で承認する

前項で、承認とは褒める・労う・認めることだとお伝えしました。さらに、承認＝プラスのストロークには、条件付きと無条件があります。

《条件付きのプラスのストローク＝行動や結果に対する承認の例》

部下「部長、企画書完成しました！」　上司「君は仕事が早いから、頼りになるよ」

子ども「はい、テストの答案」　母親「１００点なんて、よく頑張ったね」

相手の行動や結果に与える承認を、条件付きのプラスのストロークといいます。

《無条件のプラスのストローク＝存在に対する承認の例》

生徒「先生がいてくれるだけで、安心です」

母親「可愛い子ね。本当に生まれてきてくれてありがとう」

相手の存在そのものに承認を与える「存在認知」が無条件のプラスのストロークです。

子どもは親に認められたくて、様々な行動をとります。だから、親は子どものしつけのために、条件付きのプラスのストロークで、自分の意のままに子どもの行動をコントロールしようとする傾向があります。

もちろん、しつけとしてはある程度必要ですが、条件付きのストロークばかり与えていると、子どもは自分が大切な存在であるという自己肯定感が育ちません。

親が子に「妹の面倒を見るあなたはいい子ね」と言ったとします。そうすると、「妹の面倒を見ないあなたは悪い子」という裏メッセージの方が子どもの潜在意識に強く届くのです。

「私は誰かの役に立たなければ、愛されない存在だ」と思って育つと、いつも自己犠牲で、相手に尽くし、疲弊する大人になります。

だから、**相手の行動や結果にばかり承認を与えるのではなく、相手の存在そのものに承認を与えることが重要です。**

直接的な表現だけでなく、「おはよう！」と笑顔で挨拶することも、「あなたがここにいるのを知っています」という存在に対する承認です。

自分の存在を認めてくれる人や場所が、人には必要です。笑顔を向ける、挨拶するなど、小さなことの積み重ねが相手の存在への承認なのです。

役に立つ必要はない、居るだけでＯＫと伝える！

74 ドリームキラーにならない

人に一番心理的負荷がかかるのは、どんなときでしょうか？

実は、何かをスタートするときです。

基本的に、潜在意識は変化を嫌い、現状を維持したいのです。昨日まで生き延びていたのと同じ体温を維持して健康を保ちたいのと同じです。

仕事であれ、経済状況であれ、現状を維持したいと思うのが潜在意識なのです。だから**何か変化を起こすためには、最初のスタートに大きなエネルギーが必要になります。**

たとえば、子ども時代に歯磨きが嫌だった人も、大人になると歯磨きすることが当たり前になります。習慣になってしまえば苦痛はありません。最初が辛いのです。

一時人気を博したダイエット動画は、ダイエットのためのダンスをスタートさせ、継続するための承認がふんだんに使われていました。動画内では、インストラクターが「手と足がこんがらがっても、気にしな〜い♪　ダンスなんだから、楽しめばいいの〜♪」「絶対に無理はしないで〜。今日できなければ、明日やればいい〜の〜♪」「ここまで、ついて来られるなんて、あなたはスゴい！」と承認の嵐です。こんなふうに言われれば、ダンスが苦手な人でも続けやすくなります。

新しく何かを始めるときは、「承認」がパワーを発揮します。

誰かが新たな挑戦をするときや行動に少しでも変化があれば、それを「承認」し、パワーを与えることが重要です。

「あなたにダイエットなんて、無理！」と言う人とは話もしたくないし、会いたくもありません。このように「無理」「できない」と他人の夢や目標達成を邪魔する人を「ドリームキラー」といいます。ドリームキラーは無意識に「自分より他人が幸せになるのは許せない」と思っている人です。時には、家族や友人などが相手を心配して、助言のつもりで否定的なことを言う場合もあります。

誰かの話を聞くときは、自分が相手のドリームキラーにならないようにしましょう。**何かをスタートしたばかりの人には、自信が芽生えるまでは「承認」を与えることが大切です。ドリームキラーになるのではなく、ドリームサポーターになって話を聞くことが肝心なのです。**

相手のスタートを応援する！

75 褒め言葉はブーメラン

スーパーなどで、試食させてもらったので、お返しに購入しようと思ったことはありませんか？

これは、「好意の返報性」といい、相手から受けた好意を返したくなる心理です。

仕事で困っているときに助けられると、相手が困っているときは助けたくなりますし、会話の中で自分を褒めてくれる相手には、自分も承認したくなるものです。

だから、周りの人を承認する（褒める・労らう・認める）ことができる人ほど、自分も承認してもらいやすくなります。

しかし、「他人が褒められると嫌な気持ちになるから褒めたくない」という人がいます。無意識に、相手が褒められることで自分が脅かされると感じるのです。

幼い頃、兄弟姉妹が褒められると決まって自分が否定された経験がある人は、注意が必要です。「お姉ちゃんは、きちんと片づけているのに、あんたはなんてだらしない！」と叱られるなど、誰かが褒められた後に比較されて否定された経験が続くと、大人になっても誰かが褒められると脅威を感じるようになります。

まずは、他人が褒められても、自分が脅かされるわけではないということを頭で理解し、徐々に理解していくことです。

私は、よくポイントカードでたとえるのですが、相手のポイントカードのポイントが増えたからといって、自分のカードのポイントが減るわけではありません。承認も同じです。誰かが認められたからといって、あなたが蔑ろにされるわけではないのです。

また、**人間関係に常に上下関係を持ち込む人も、他人を褒めることができません。褒める＝自分が相手に負けることだと思っているからです。**

自己肯定感が低いからこそ、誰かを否定して引き下げ、自分の価値を高めようとしてしまうのです。

そして、自己肯定感を上げる方法の1つは、他者に承認してもらうことです。

自分の自己肯定感を上げるためにも、相手を承認し、自分も承認されやすくすることが重要です。「情けは人のためならず」です。

承認もブーメランのように自分から放ったものが返ってくるものなのです。

誰かが褒められても自分の価値が下がることはない！

76
「他人の不幸は蜜の味」から卒業する

人に何かお返ししたいという「返報性の原理」は、４つに分類することができます。

①**好意の返報性**…相手から受けた好意を返したくなる心理（試食したら買いたくなる）
②**敵意の返報性**…敵意を向けられると敵意を返したくなる心理（やられたら、やり返す）
③**譲歩の返報性**…相手が譲ってくれたら、自分も譲歩したくなる心理（お互いに謝る）
④**自己開示の返報性**…相手が自己開示すると、自分も心を開きやすくなる心理（打ち明け話）

②の敵意の返報性は、仕事で相手の足を引っ張る人は、やがて誰かに足を引っ張られるということです。相手の話を否定する人は、自分の話も否定されやすくなります。

相手に敵意を向けるというのは、直接的に意地悪するだけではありません。相手を認めたり褒めたりできるタイミングでそれをしないことは、相手を困らせたり不安にさせたりするには十分です。

「他人の不幸は蜜の味」といいますが、他人の不幸や失敗を見て、いい気味だと思うことを「シャーデンフロイデ」といいます。

精神医学では、生い立ちや精神的な不安などの様々な要因から、この感情を抱くとされています。自尊心が低い人や嫉妬の感情を抱きやすい人も、シャーデンフロイデを感じやすいといわれています。

では、嫉妬するのは、どんなときでしょうか？

仕事で自分より実力が上回っている、自分より幸せそうに見える人など、自分と比較して相手の方が優れている、ツイていると感じたとき、嫉妬を感じやすいものです。

嫉妬心から逃れる方法は2つです。

①相手より実力をつけ、相手を超える

②相手が失敗するように引きずり降ろす

あなたならどちらの方法を選びますか？

簡単なのは後者です。自分は成長せず、現状維持のまま実行できるからです。

相手の不幸話は聞けるけれど、幸せな話は嫉妬で聞けない。相手を承認できないということがないように、いつでも自分の内側（＝心の中）を整えておく必要があります。

人の足を引っ張るのではなく、自分を成長させよう！

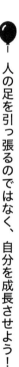

77
相手の怒りを鎮め、善意を呼び起こす

飲み会で、食べ物を仲間とシェアしていておつまみが1つだけ残ったら、「どうぞ」と相手に譲る人が多いのではないでしょうか？

では、相手と口論となったときはどうですか？

返報性の原理に、「譲歩の返報性」があります。相手が譲ってくれたら、自分も譲歩したくなる心理です。人は、譲られれば、譲りたくなるものです。しかし、自分が重要視している価値観やルールであればあるほど譲れなくなります。

『人を動かす』（創元社）の著者、デール・カーネギーは、**口論や悪感情を消滅させ、相手に善意を持たせ、自分の言い分を通す魔法の文句として「あなたがそう思うのは、もっともです。もし私があなただったら、やはりそう思うでしょう」という言葉**を紹介しています。心理学を学び始めた当初、このカーネギーの言葉が本当かどうか、実験したことがあります。

ある会に参加する際、開催の一週間前に「当日は、チラシを持参しても大丈夫でしょうか？」とメールで担当者に問い合わせました。すると担当者から、「こんなギリギリに言われても困る。こちらも忙しいのに」とイライラした雰囲気の返信がありました。

私は、カーネギーの魔法の言葉を使うチャンスだと思い、「すみません。提出期限を知らず、ギリギリの申し出になってしまいました。○○様がお怒りになるのは当然です。お忙しいときにお願いをされ、私が○○様でも同じように腹が立ったと思います」と返信しました。

するとその担当者から「いえいえ、怒っているわけではありません。当方も締切期限の周知ができておらず、すみません。当日は、ぜひチラシをお持ちください」と返信が来たのです。

これはまさに譲歩の返報性です。私が相手の立場に理解を示し謝ったことで、相手も私に理解を示し詫びたのです。もし、私が「提出期限の知らせもないから、間際になっただけなのに、その言い方はないのでは？」と売り言葉に買い言葉になっていたら、担当者との関係も険悪になっていたことでしょう。そして、チラシを配布することができなかったのは間違いありません。

譲れば、譲られるのです。

78 答えは1つではない

「普通、こうでしょ」「これは、常識でしょう」と思うことはありませんか？

私たちは普段、つい自分と他人が同じ価値観だと思いがちです。

しかし、近年はビジネスの世界でもダイバーシティ（多様性）を大切に、お互いの違いを認め合い、尊重しながら働くことが重要視されています。

人の話を聞く際も同様で、「答えは1つではない」ことを知り、相手の価値観を尊重する姿勢が大切です。

「普通」「常識」を会話で連発してしまうと、人間関係が上手くいきません。自分の価値観を相手に押し付けるニュアンスが強いからです。

ノーベル物理学賞を受賞したアルベルト・アインシュタインが、「常識とは18歳までに身につけた偏見のコレクションである」と言ったように、自分の常識は誰にでも当てはまるものではありません。

また、「群盲象を評す」という寓話に、目の見えない僧侶たちが像を触って、の感想を言うシーンがあります。

自分の当たり前は他人の非常識と心得る！

足を触った者は「柱のようだ」と言い、しっぽを触った者は「ロープのようだ」と言い、鼻を触った者は「ヘビのようだ」、耳を触った者は「うちわのようだ」、胴体を触った者は「壁のようだ」、牙を触った者は「ヤリのようだ」と言います。

そして、それぞれ自分が正しいと譲らなかったという話です。

この寓話の「目の見えない僧侶」とは、目が見えないことを意味するのではなく、真理に対する見識がないことを表しています。

立場が変われば見え方も変わり、一部を知っていても全体像を知らないこともあります。自分の思い込みに囚われてはいけないという教訓が含まれているのです。

コーチングやカウンセリングでも、「答えは1つではない」という大前提のもと、相手の話を聞きます。そうでなければ、相手に自分の価値観を押し付けてしまう危険性があるからです。

79 価値観が違うから生き残れる

価値観が違う相手は説得して、「自分と同じ価値観に変わってもらわなくては」と思っていませんか？

そう考える人は意外と多いものです。違う意見の人がいると、自分を否定されたように感じるからです。自分に自信がなく、自己肯定感が低い人ほど注意が必要です。極端な場合、違う意見を言われた＝自分を否定されたと考え、相手を敵と見なし、攻撃する人さえいます。異なる価値観を認める前提がないと人の話は聞けません。

では、人間が全員同じ考えだったら、私たちは平和に生きられるのでしょうか？

それは、難しいことです。身の危険を感じたとき、全員が同じ場所に逃げたら、人類は滅亡する恐れがあるからです。

価値観が違うメンバーを揃えたことで大成功したのがディズニーランドです。その手法は、ＮＬＰ心理学の開発者の一人であるロバート・ディルツにより、ディズニー・ストラテジーとしてまとめられています。それによると、夢や目標を実現するためには次の重要な３つの視点があります。

①ドリーマー（夢想家）：ウォルト・ディズニー自身がこの視点を持っていました。制約なく自由に夢やビジョンを描く視点です。

②リアリスト（現実家）：夢や目標を実現するためには、いつまでに何が必要かなど、戦略・戦術を考えるのがこの視点です。作戦・計略をめぐらし、軍を勝利に導く軍師のような存在です。ウォルト・ディズニーの兄がこの役を担っていたといわれています。

③クリティック（建設的批判家）：ただ物事を否定するのではなく、建設的な視点から問題はないかチェックするような視点です。「リスクは何か」「不足しているものはないか」などを分析することです。ディズニーランド成功の秘訣は、ウォルト・ディズニーとその参謀たちがこの3つの視点をバランス良く持っていたからだといわれています。

仕事も自分とは違うタイプがいるからこそ、チームとして成功することができるのです。チームなら、違う価値観のメンバーで集まり、お互いの価値観を尊重する。誰かに自分の価値観を押し付けるのは、成功から遠ざかる行為なのです。

違う価値観を尊重しよう！

80 言い換えにはリスクがある

カウンセリングのスキルの1つに「言い換え」があります。

言い換えのポイントは、「相手が話したことの本質を、短く明確にフィードバックすること」です。たとえば、
彼女「彼がモジモジしているから、早く言いなさいよ！　と思ってしまって……」

友人「じれったく感じたのね？」

彼女「そうなの!!」

このような**言い換えは要約よりも簡潔なので、相手の思考の流れを妨げないというメリットがあります。**話を明確にし、詳しく話してもらうための助けにもなります。

相手の感情にぴったり合った言い換えは「その通り！」と相手にも感じられ、「きちんとあなたの話を聞いています」というサインにもなります。

しかし、相手の考えとズレた言葉を使うと、「この人は私の話をちゃんと聞いていない。理解されていない」と誤解を招き、一気に相手の心の扉が閉まってしまうリスクもあります。

ですから、まずは「相手の一番言いたいことは何か」を考えながら傾聴しなければいけま

せん。

また、言い換えを多用するのもNGです。時々、頻繁に言い換えをする人がいますが、相手が使わない言葉で頻繁に言い換えをすると、相手の思考を一時停止させるばかりでなく、不信感を抱かせます。結果的に相手の話の腰を折ることにもなりかねません。

また、相手の気持ちにぴったりでない言い換え表現も危険です。

私が以前、社会問題についてSNSで「考えさせられました」と投稿した際、知人が「面白いですね」とコメントを書き込んだことがあります。

私は、「深刻な問題なのに、面白いって軽いな」と、自分が理解されなかったように感じました。知人は考えさせられる＝面白いと言い換えたつもりかもしれませんが、言葉選びを間違えると相手をガッカリさせてしまうこともあるのです。

そのため、最初は相手の使った言葉を繰り返すのが無難です。言い換えは、相手の気持ちをしっかり汲めたときに使うのがオススメです。

むやみに言い換えない！

81

相手の世界観を大切にする

相手の使う言葉は相手の世界観そのものです。

だから、**相手の話のキーワードを繰り返すことは、相手と相手の世界観を大切にすることです。**

言葉にただペーシング（同調行動）するだけではなく、相手の価値観そのものに合わせることで、相手から信頼されるのです。

言い換えも、より相手の気持ちに合っていなければ、ディスペーシング（反同調行動）となり、不信感につながります。

《繰り返しによりペーシングできている例》

客「このお茶、美味しいですね」

店員「本当にこのお茶、美味しいですよね～」

客「ですね～。おいくらですか？」

これは、お客様の言葉をそのまま繰り返し、相手に共感しています。

《言い換えによりディスペーシングになっている例》

客「このお茶、美味しいですね」
店員「このお茶、渋いですよね」
客「？　……」

ディスペーシングの例は、お客様の「美味しい」という表現の中に「渋い味」というものが含まれていないので、「美味しいという自分の気持ちに共感してもらえなかった」と感じさせてしまっています。

言い換えなければうまくいく会話は日常に多く存在します。

私の友人は福祉施設で働いているのですが、認知症の利用者さんに「トイレに行きますか？」と声をかけるとその方は、椅子をつかんで、一歩も動かなかったそうです。しかし、「便所に行きますか？」と声をかけると、「行く」と言ってお手洗いに向かったとのこと。これは、普段、その利用者さんがお手洗いを「便所」と表現されているからです。

このように相手の言葉を大切にすると、相手にお願いしたい行動もすんなりと受け入れてもらえます。相手が普段、どんな言葉を使っているかに注意を払うことが大切なのです。

相手の言葉で話そう！

82
嫉妬心をこじらせない聞き方

相手の話を本当に聞こうと思ったら、自分の内側を整えていく必要があります。

特に、嫉妬心については注意が必要です。自分がうまくいっていないときは、友人の幸せそうな話は聞けないかもしれません。そういう場合は、「ごめん、今は自分の調子が良くなくって、話を聞けない」と断ることも必要です。

そして、普段から、自分が欲しいものに気づいておくことも大切です。

自分の嫉妬心に気がつかない人は意外に多いものです。

たとえば、
①「なにこの子、綺麗でもないくせに、チヤホヤされていい気になって」
②「たいした仕事もできないのに、何でこいつが昇進するんだ。上司は見る目がない」
などと相手に嫉妬心が湧いてきたら、まず、それが相手への不満ではなく嫉妬だと認めることが大切です。

なぜなら、**嫉妬した出来事の中に、自分が本当に欲しいものが隠されているから**です。

それを認めずに相手を批判して終わってしまうと、本当に自分が欲しいものを手に入れる

機会を永遠に逃してしまいます。

①の場合、自分が綺麗になりたいのか、周りからチヤホヤされたいのかどちらが望みなのか考えます。②の場合なら、自分の仕事の成果をもっと上司に認めてほしいのか、昇進したいのか、本当は何を手に入れたいのか考えます。

嫉妬は自分が欲しいものを知るための、人生の羅針盤なのです。嫉妬する出来事があったなら、自分の望みが1つわかったことを喜べばいいのです。

そして、嫉妬で終わらせず、自己成長して、欲しいものを手に入れていくことで、相手に嫉妬する必要はなくなります。自分もいつかそれを手に入れられると信じていたら、相手に嫉妬はしないものです。

嫉妬によるネガティブな対応をしなくなれば、相手がどんな話をしても、嫌味を言う、否定する、話を聞いていて苦しくなる、イライラするなどはすべてなくなります。

そうすると、人間関係が円滑になり、人生も好転します。嫉妬心を手放すことは、自分のためでもあるのです。

嫉妬は本当の望みを教えてくれる羅針盤と心得る!

83
自分の内側を整えないと人の話は聞けない

私がカウンセラー養成講座を担当していた際、相手の話の主訴を捉えることができない方が多くいました。

「相手にどんなアドバイスをすればいいだろうか?」「次にどんな質問をすればいいだろうか?」などと、相手にアドバイスすることや、気の利いた質問をするためにはどうしたらいいかなどを考えている人は、自分に心の矢印が向いてしまい、目の前で展開されている話から心が離れ、主訴を見落としてしまいがちです。

話の最中に「自分は相手からどのように思われているのだろう?」と自分の評価を気にする人も、心の矢印が自分に向いてしまっています。

人が影響力を相手に与えることができるのは、相手に心の矢印が向いているときだけです。話を聞くときは、話の内容を評価判断したり、否定したりせず、無条件に受け入れて聞くことが重要です。

人の価値観はそれぞれです。聞いているうちに「それは違う!」「あなたの意見、間違っていますよ」と言いたくなると、もう相手を理解しようと聞くことができません。

来談者中心療法の創始者カール・ロジャーズが「正そうとするな。理解しようとしろ」と言っているのはそのためです。

いったん自分の価値観を横に置いて、相手の話を聞くことが大切です。そのためには、自分がどんな価値観を持っているのか、普段から気づいておくことが必要です。

理解は愛のもう一つの名前です。理解できない、したくないと思ったとき、相手の話は途端に聞けなくなります。

人の話を本当に聞こうと思ったら、自分の心の中を隅々まで知り尽くしていくような自己理解が必要です。

自分の喜怒哀楽に触れるような出来事は、自分の価値観が強く出ているので、自分がどんな価値観を持っているか知ることに役立ちます。

「こうでなくてはならない」と頑なに握りしめている価値観を緩めていくと、自分も他人も裁くことがなくなり、人の話もフラットに、余裕を持って聞くことができるようになるのです。

裁くのをやめよう！

84

その場にいない人の話をしない

「職場に高圧的な上司がいて……」「子どもが反抗期で手を焼いていて……」「恋人が浮気をしているかも……」などと相手の話に第三者が出てくることがあります。

そんなとき、「どんな人なの？」「お子さんは何歳？」「浮気するようなタイプなの？」などと、話に出てきたその場にいない人について質問していませんか？

カウンセリングでは「その場にいない人の話はしない」が鉄則です。

人の悩みの9割は人間関係にあるといわれます。だから、相手の話の中に職場の同僚や上司や部下、家族、友人、恋人などその場にいない人物が登場することがよくあります。

しかし、その登場人物に向けて、「彼はなぜ、そんな行動をとったのか？」「彼女はどんな気持ちだったのか？」と話し手に質問したところで、空想の域を出ません。

そして、何より悩んでいる相手（＝主人公）から心の矢印がその場にいない人（＝脇役）に向いています。これでは、相手が一番言いたいこと（＝主訴）をつかむことも、感情のキーワードを繰り返すこともできません。**だからその場にいない脇役の話題が出たとしても、あくまでもスポットライトは目の前の主人公に向けておかなければなりません。**

「上司に高圧的な態度を取られて、あなた自身はどんなお気持ちですか？」（質問）
「子どもが反抗的だと感じているのですね」（感情のキーワードの繰り返し）
「浮気をしているのではと思うのね？」（繰り返し）
「今、恋人に対してどんな気持ちですか？」（質問）

など、あくまでも目の前の相手の考え、気持ちにフォーカスして話を聞いていくことが大切です。

人の悩みは本人の心の中で生まれ、答えもまた、本人の心の中にしか存在しません。

ＮＬＰの基本前提でも、**人は効果的な変化のためのリソースをすでに持っていると考えます。どんなに悩んでいる人でも、解決のための資源がすでに内側に存在します。**

だから、いつでも目の前の相手に心の矢印を向けて、話を聞き続け、相手の頭の中の交通整理をするだけでいいのです。こちらが解決策を出さなくても、しっかりと本人が解決していくものです。

脇役でなく、主人公の話を聞く！

85

目の前の人の味方になる

目の前の人ではなく、相手の話に出てきた人物の肩を持っていませんか？

たとえば、次のような会話です。

Aさん「職場の上司が、自分を目の敵にしていて……」

Bさん「そうなの？　あなたに期待して言っているだけじゃない？」

Bさんに悪気はありません。むしろ、Aさんが勘違いによって悩んでいるのではないかと考え、違う視点を提案しただけです。

でも、悩んでいるAさんにしてみれば、Bさんは自分ではなく上司の肩を持っていると感じます。そうすると、自分の正当性を証明しようと、もっとムキになって上司の悪い点を列挙します。

人は自分のことが理解されていないと思うと、懸命に相手にわかってもらおうと話します。すると、自分の心の中を内観することができなくなります。

内観し、自分自身で見つけた答えでなければ、人に変化を起こすことはできません。だからまずは受容と共感の姿勢で聞き、目の前の人の味方になることが重要です。

相手が「職場の上司が、自分を目の敵にしていて……」と言ったら、「そうなの？　大丈夫？　詳しく教えてもらえる？」などとまずは相手に寄り添った聞き方を心がけましょう。

共感的に聞ければ、Aさんは上司がいかに自分を目の敵にしているかを話し終わった後、「期待されているからって言う人もいるんだけど……。なかなかそうは思えなくて」などと自分自身で内観できるかもしれません。

人は受け入れられたと感じると、防御する必要がないので聞き手を説得しようと話すことをやめ、自分の内面に注意を向け始めます。すると自己洞察が進み、自分で解決策を見つけることができます。

「何か相手の役に立つことをしなければ」「自分の優秀さを示さなければ」と思う人ほどアドバイスや指示命令をしがちなので、注意が必要です。

まずは、相手の気持ちを汲むことに注力しましょう。

話の中の登場人物の肩を持たない！

第7章

心を整える聞き方編

86

相手の宿題を自分がやらない

「相手の辛い気持ちを聞くと、自分も辛くなるんです……」

「悩みを聞くと、家に帰った後も、その話を引きずって自分が悩んでしまいます……」

そんな風に、相手の悩みを自分の悩みのように考えることができるのは、共感力・想像力が豊かな証拠です。相手に寄り添った優しさは、ちゃんと相手の潜在意識に伝わっています。

ただ、話を聞いて自分自身が辛くなるのは大変なので、カウンセラーの「課題の分離」というスキルをお伝えします。

優しい人ほど、「悩みを解決してあげたい」と思ってしまいます。

しかし、それは子どもの夏休みの宿題を親がやってあげるようなもので、本人のためにはなりません。

悩みは神様からのギフトです。その悩みを解決することや、解決できなくてもその悩みを体験することで、その人が成長するからです。成功哲学の祖ナポレオン・ヒルも「逆境には必ずそれよりも大きな報酬が隠されている」と言っています。

相手が必ず試練を乗り越えられると信じることは、実は、助け舟を出すことよりも難しいのです。

たとえば、親が子どもに靴を履かせてあげることは簡単です。しかし、自分で靴を履けるまで待つことは、忍耐力が必要です。

悩みを抱えている人を「かわいそうな人」と見るのではなく、「課題に挑戦しているチャレンジャー」と信じて、見守ることが大切です。すると、「難しい人生の課題に挑戦しているなんて」と相手をリスペクトする気持ちが生まれ、相手の話をじっくり聞けるようになります。「私が何とかしなくては」と思うと、かえって相手の話を聞くことができなくなります。

解決しようと思いながら話を聞くと、自分自身が苦しくなります。そもそも相手は解決してもらうことを望んでいない場合も多いのです。

悩みは神様からのギフト！

87

答えは自分の中にある

話を聞くときの大前提は何でしょうか？

それは、アドバイスをしないということです。アドバイスは、仕事で専門家にアドバイスを求めている場合以外は機能しません。

たとえば、「お手洗いはどこですか？」という質問は、「廊下の突き当たりです」という答えが存在するので、答えられます。

しかし、「私はどうすれば幸せになれますか？」という問いに答えはありません。答えが十人十色だからです。**人は誰でも、自分の人生の経営者であり、専門家なのです。**だから、「答えは自分の中にある」のです。

今は悩み、視野が狭くなって、不安に押しつぶされそうな人も、本当は自分の中にすでに答えを持っています。**私たちにできるのは、相手に答えを与えることではなく、その人自身に考えてもらい、答えを引き出すことだけです。**

来談者中心療法では、どんな逆境に置かれても人間は自己実現する力があると考えます。

創始者のカール・ロジャーズは、少年時代に地下室で見た光景から、この療法を思いつきました。収穫されたジャガイモは、暗く、水も土もないジャガイモにとって劣悪な状況下の地下室に放置されていました。しかし、ジャガイモは、地下室の小窓から差し込むわずかな太陽の光に向かって芽を伸ばしていたのです。同様に、人間もどんなに困難な状況に置かれようとも、自分が持っている可能性を伸ばし、成長しようとする傾向を持っていると考えたのです。

人には「期待の自己実現」という心理があります。「あの人はダメな人」と決めつけると、相手は、ダメな自分を無意識に演じ始め、反対に、「この人には力がある」と信じると、その期待に応えようとします。

常に答えは本人の中にあり、解決できる力を持っているという前提で接すると、問題を解決しやすくなります。

アドバイスは、相手が無力で手助けが必要だと思っており、子どもの夏休みの宿題を親が代わりにやるようなもので、本人のためにならないのです。

相手の可能性を信じよう！

88

どうしたらいいですか？

話を聞いている相手から、「どうしたらいいと思う？」と聞かれたことはありませんか？

カウンセリングでは、「答えはあなたの中にある」という考えのもと、こちらから指示や命令、アドバイスをすることはタブーです。では、どうしたらいいのでしょうか？

王道の返答は、「どうしたらいいか悩んでいるんだね？」と繰り返すことです。

しかし、実際のビジネスの現場や日常会話の中では、繰り返すだけでは「そう！　だから聞いているの！」と言われかねません。

そこで、聞き方のポイント2点を思い出してください。

①主訴をつかむ（相手の言いたいことは何かを理解する）

②相手の気分が良くなる質問をする

この2つを行い、相手の気持ち＝頭の中の交通整理をすることで、本人の自己洞察が進み、問題解決の糸口をつかむことができれば、相手の気分が晴れるわけです。

だから、相手の話の流れにもよりますが、「自分としては、本当はどうしたいの？」と質問してみましょう。

答えを与えるのではなく、自ら考えて答えを出せるような問いかけをするのです。他にも、「もし、すべて自分の望みどおりの展開になるとしたら、どうしたい？」など、相手が制限を取り払って考えられる質問も効果的です。

相手が混乱している場合は、「この選択をした場合のメリット、デメリットはどんなものがあるの？」など、最高の結末・最悪の結末を具体的にイメージしてもらうことで、客観的な視点に立ってもらうことも有効です。

相手の頭の交通整理ができてくると、モヤが晴れて、すっきりした気持ちになってもらえます。

ポイントは、あなたではなく相手が答えを出すこと。**人は本来、自分が出した答えにしか納得しないものです**。だから、相手の気持ちを汲みながら、相手が自分で答えを出せるよう常に考え、矢印を相手に向けて聞くことが大切です。

「本当はどうしたい？」と質問しよう！

89

結末をイメージさせる

やりたいことがあるのに、「でも失敗したらどうしよう……」となかなか行動できないことはありませんか？

私はカウンセラーとして多くの人の悩みを聞く中で、「転職したい。でも、今の安定を失うのが怖い……」「痩せて綺麗になりたいのにいつも甘いものを食べてしまう……」などと、矛盾する思いの中で葛藤している方に数多く出会ってきました。

葛藤する思いは、車に例えるなら「アクセル」と「ブレーキ」です。正反対の働きをする心があるからこそ、私たちは物事を検証し最良の決断ができるのです。どんな選択をしても、「最高の結末」と「最悪の結末」が存在します。両方をバランス良くシミュレーションできるように話を聞くことで、相手が決断できることも多いのです。

Aさんはシングルマザーで子育てをしながら、パートで経理の仕事をしています。職場の人間関係は良く気に入っていましたが、年々家計が苦しくなっていくのが悩みで、簿記の資格を取るなど、正社員への転職に備えるものの、なかなか勇気が出ません。

私「今の仕事を続けていた場合の最高の結末は？」

Aさん「収入は低いけど、人間関係が良い状態でストレスなく働ける」
私「では、今の仕事を続けていて、最悪の結末が訪れるとしたら？」
Aさん「人事移動で、人間関係が悪くなる。またはパートが必要なくなり失業する」
私「転職した際の最高の結末は？」
Aさん「人間関係も良く、収入も上がって、生活の心配なく働ける」
私「転職した際の最悪の結末は？」
Aさん「人間関係は悪いけど、収入は安定している状態」
私「イメージしてみて、一番手に入れたい状態や、一番避けたい状態はありますか？」
Aさん「今のまま、失業するのが一番怖い。転職先の人間関係が良ければ、一番いいかも」
Aさんは転職活動を積極的に始めました。Aさんは、転職した場合の最悪の結末ばかり考えていて、現在の仕事の最悪の結末を一度も考えていなかったのです。バランス良く最高の結末と最悪の結末をイメージすることで、今とるべき行動が明確になります。

最高と最悪の両方の結末を思い描いてもらう！

90 モヤモヤを言語化する

相手の言葉を繰り返すことで、本人も気づかず言語化できていなかった本音にたどりつくことがあります。

話し手「あんな言われ方をして、悔しかった」

聞き手「そうなんだね。悔しかったんだ」

話し手「いや、悔しかったというよりは、悲しかったのかも……」

このように、**自分の感情のキーワードを鏡のように人に繰り返してもらうことで、客観的に自分の心を見つめ、より自分の感情に近い言葉で選び直すことができる**のです。

私たちの発する言葉は、自分が感じている気持ちにピッタリと合っていないこともよくあります。

カウンセリングでは、「クライエントの鏡になる」という表現を使うことがあります。

これは、感情のキーワードを繰り返すなどして、鏡のように今の相手の心をありのまま映し出すことを表現しています。カール・ロジャーズの「私は透明な存在になりたい」という言葉は、聞き手自身の問題をクリアにし、ありのままのクライエントを移し出す鏡になりたいという意味だと私は理解しています。

鏡になるためには、まずあなた自身が自己一致（自分の気持ちに気づいていて、矛盾がない状態）していることが大切です。

人の気持ちの中には複雑な感情が存在します。「恥ずかしい」などの直接的な感情表現もあれば、「穴があったら入りたい」と比喩的に表現されることもあります。

また、「貧乏ゆすり」や「腕を組む」などの態度に気持ちが表れることもあります。

聞き手が言語・非言語の両方に注意を払って「今、顔をしかめられましたが、辛い体験を思い出しましたか？」などと鏡のように相手の気持ちを言葉にして返していくことで、相手は本当の自分の感情に気づくことができるのです。これを、カウンセリングでは「明確化」といいます。

相手の心の鏡になるには、普段から自分の価値観に気づき、コントロールできるように自分の心の鏡を磨いておく必要があるのです。

自分の心の鏡を磨いておこう！

91 潜在意識はガラス張り

相手の話がよくわかっていないのに「そうなんだ！」と適当に相槌を打ってしまうことはありませんか？　悩み相談で大切なのは「自己一致」です。

「本音」と「行動」が一致していて、裏表なく、相手の話を聞いているかどうかが重要なのです。

相手の話がわかりにくいときに「よくわからないけど、この話を理解できないと思われたらカッコ悪いから、質問できない」と思っているのは、自己不一致な状態です。

これでは、集中して話を聞くことができません。わからないことはそのままにせず、質問しましょう。

相手に対して「母親が子どもを実家に預けて夜に遊びに行くなんて、親としての自覚がない」「部下が上司より先に帰るなんてやる気がない」などと思って共感的に聞けない場合、そう感じる自分の価値観に気づくことが大切です。

自分は「〜でなければならない」という考えを持っていいのだと気づかなければ、それが相手にとって重要な話であっても、聞き流したり無意識にその話題を避けてしまう場合もあるからです。すると、いつまで経っても相手は話したいことを話せず、内省もできず、その結果悩みも解決しません。

そして、**心の中で「できるわけない」と相手の可能性をディスカウント（値引き）しながら、口先だけで「あなたなら、きっとできるよ」と言ったとしても、本音は相手の潜在意識に届いています。潜在意識はガラス張りなのです。**

母親が心で「この子は悪戯っ子で手が付けられない」と信じていると、無意識に表情や言葉などにあらわれ、子どもが本当に悪戯ばかりするようになるという「期待の自己実現」という心理があります。だから、相手に関わるときは「この人ならできる」と嘘偽りなく相手を信じて自己一致していなければ、相手が変化することはありません。

ビジネスでも子育てでも相手の可能性を伸ばし、成長させるために、話を聞く人すべてに必要な態度なのです。

真心で接する！

92 まず自分の傷を癒やす

相手の話を聞いているうちに、自分がイライラしたり、落ち込んだり、悲しみに一緒に溺れてしまったりしたことはありませんか？

親に対して反抗心を抱いているAさんは、学生時代は教師に、就職してからは上司に何かにつけて食ってかかります。幼い頃から、自分を認めてくれなかった親に対して自分を認めてほしいという強い不満があり、反抗を続けてきました。

本人は無意識なのですが、会社で上司に少しでも注意を受けると、それが親の姿と重なり、上司も自分を認めてくれないと感じて目つきが急に鋭くなり、親にしたような反抗的な態度を取ります。

これは、幼児期に親との関係の中で感じた未解決になっている問題を、他者との間で再現しているのです。だから、Aさんはいつも目上の人との会話が喧嘩腰になりがちなのです。

また、学生の相談業務を行うBさんは、親からの愛情不足を感じて育ちました。だから、他者から認められ、愛情を得ようと必死になります。

相談業務の中で、学生が自分に頼ってくるのが嬉しくて、学生が自分を訪ねて来ない日は寂しいと感じてしまいます。そして、学生からの公私にわたる相談を受けるために、学内のメールアドレスだけでなく、自分のＬＩＮＥＩＤなども交換し、深夜早朝問わず対応しました。

学生もＢさんが「明日は休みで学内メールが見られないから、ＬＩＮＥに連絡して」などと言うので、学内の規定の時間外も連絡するようになりました。

そうした学生からのひっきりなしの相談への対応がＢさん自身の首をしめ、自分のプライベートな時間がなくなり、学内でも学生を依存させると問題になりました。

しかし、本人は「学生に一生懸命対応しただけです」と言います。Ｂさんは相手を依存させることで、自分は人から求められる価値ある存在なんだと自分の承認欲求を満たし、相手の自立を妨げていることに気づいていないのです。

自分自身に未解決の人間関係の問題を抱えていると、相手を援助することよりも、自分の感情に囚われた言動や行動をとり、トラブルを招きます。

だから、自分の内面を見つめ、自分の心の傷を癒やしていかなければ、真に相手の話を聞くことも、相手をサポートすることもできないのです。

過去の人物と目の前の相手を重ねない！

93 自分に貼っているラベルを知る

話がうまく聞けるかどうかを、スキル以上に大きく左右するものはなんでしょうか?

それは、あなたのセルフイメージです。**心理学の世界では、セルフイメージが恋愛、仕事、収入までも決定すると言われています。セルフイメージが変われば、言葉がけが変わり、会話や人間関係はもちろん、人生さえも変わります。**

では、セルフイメージとは何でしょうか?

セルフイメージ(自己認識)とは、自分で自分に貼ったラベルです。つまり、自分に対する思い込みこそが、セルフイメージなのです。

まずは、セルフイメージは真実ではなく、思い込みであると知ることが重要です。

たとえば、「自分はバカだ」というセルフイメージを持っていると、会話の中での「ご存じありませんでしたか?」という相手の何気ない言葉も、「この人は自分をバカにしている」と感じます。

また、自分は嫌われているから、人から冷たい目で見られると思い込んでいるAさんは、いつも俯きがちでボソボソ話し、相手と会話をするときも目が合いません。

上司に、「もっと、元気に相手を見て話をしろ！」と叱られると余計萎縮して、自分の殻に閉じこもってしまいます。このように、ネガティブなセルフイメージは、人間関係にトラブルを引き起こしたり、嫌な感情を引き起こしやすいのです。この場合、コミュニケーションスキルを学ぶより、セルフイメージを上げることが重要です。

ポジティブなセルフイメージがある人は、相手にも友好的に話しかけ、相手の言葉も肯定的に受け取るので、トラブルになることも、嫌な気分になることも少ないのです。

反対にセルフイメージがネガティブだと、他人や状況を歪めて悪く捉える傾向があります。

「相手が自分を攻撃するのでは？」と思って自己開示できない、または一方的に話して、相手が話す隙を与えないことで自分を守る人までいます。

まず、自分のセルフイメージ「私は○○だ」にどんな言葉が入るかを考えることからスタートしましょう。もし「私はわがままな人」などネガティブなものなら、ポジティブに「私は自分という芯がある人」などに言い換えてみましょう。

ポジティブな「私は○○だ」というセルフイメージを持とう！

94 セルフイメージが変わると聞き方が変わる

「一生懸命売り込んでいるが、お客様の反応がない……」

そう悩んでいるセールスパーソンは多いものです。売り込もうと思っている心理が相手に伝わるから、警戒されてうまくいかないのです。セールストークなどのテクニックではなく、自分は「セールスパーソン＝売る人」だという自己認識（セルフイメージ）が売れない原因なのです。

NLP心理学では、ロバート・ディルツが提唱した「ニューロ・ロジカルレベル」という人間の意識を体系化したモデルを理解すると、その秘密がわかります。

ニューロ・ロジカルレベルを理解すると、問題解決や目的達成、効果的な叱り方・褒め方まで、相手にどんな声かけや質問が有効なのかも理解できます。

「自己認識の違い」の図（p.221）のように、「自分は売る人だ」と思っている営業は、「売る」ことに一番価値を置いているので、出会う人が全員獲得すべき顧客に見えて、売り込みをかけてしまうのです。営業テクニックに依存しがちで、お客様の声に耳を傾けるより、商品の説明をすることに忙しくなります。

ニューロ・ロジカルレベル

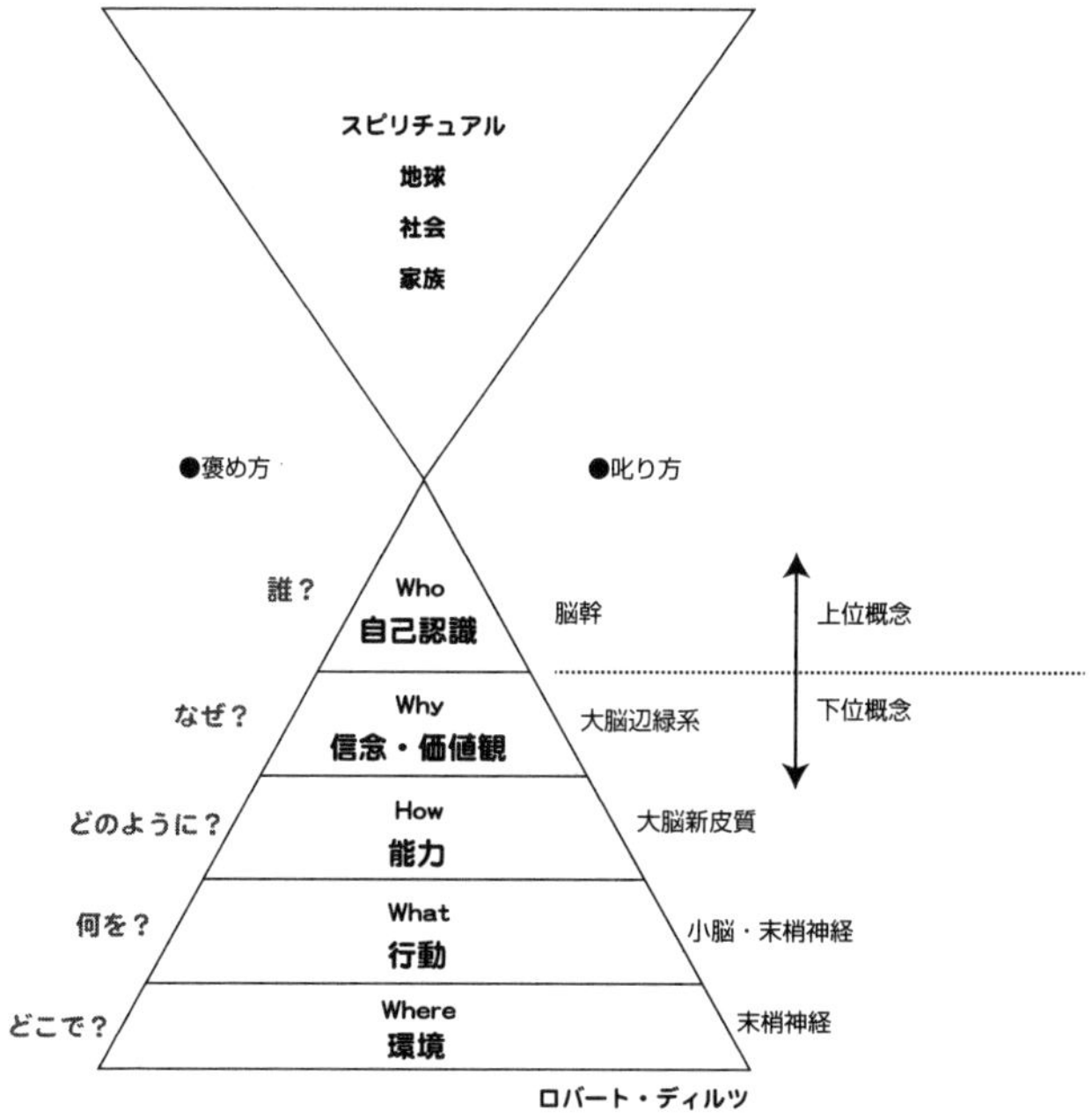

私は以前、野菜の通販会社からの営業の電話で「今なら、牛乳飲み放題が付いているんです。定期便にしませんか?」と言われ、「乳製品は食べないので……」とお断りをしたのですが、勧誘は続き、「バターやチーズなども購入できます」と私の話を聞いていない、普段から使い回しているのであろうセールストークが続きました。もちろん定期便を購入することはありませんでした。

反対に、**「自分はお客様の相談相手」だという自己認識を持っている営業は、お客様の困りごとを聞き、悩みを解決する商品やサービスだけを提供するので、お客様から頼りにされます。**

知り合いのトップセールスは「自分はお客様の相談相手」だと思っています。だから経営者が困っていると聞けば、税理士や社労士など、自分の人脈でその悩みを解決できる人を紹介します。

自分を助けてくれた恩のある営業から何か買いたいと思うのが人情です。だから、彼は売り込まなくても売れるのです。

自己認識(セルフイメージ)という上位概念が、価値観・能力・行動・環境といった下位概念に影響を与えるのです。それが会話や人間関係に影響します。

ナポレオンは、「リーダーとは希望を配る人のことである」と言いました。

そのセルフイメージがあるからこそ、いかなる場面でも部下に希望を配るような言葉がけや指導ができたのです。

どんなセルフイメージを持つと目標が達成できるのかを考えることが重要です。

能力が発揮できるセルフイメージを持つ！

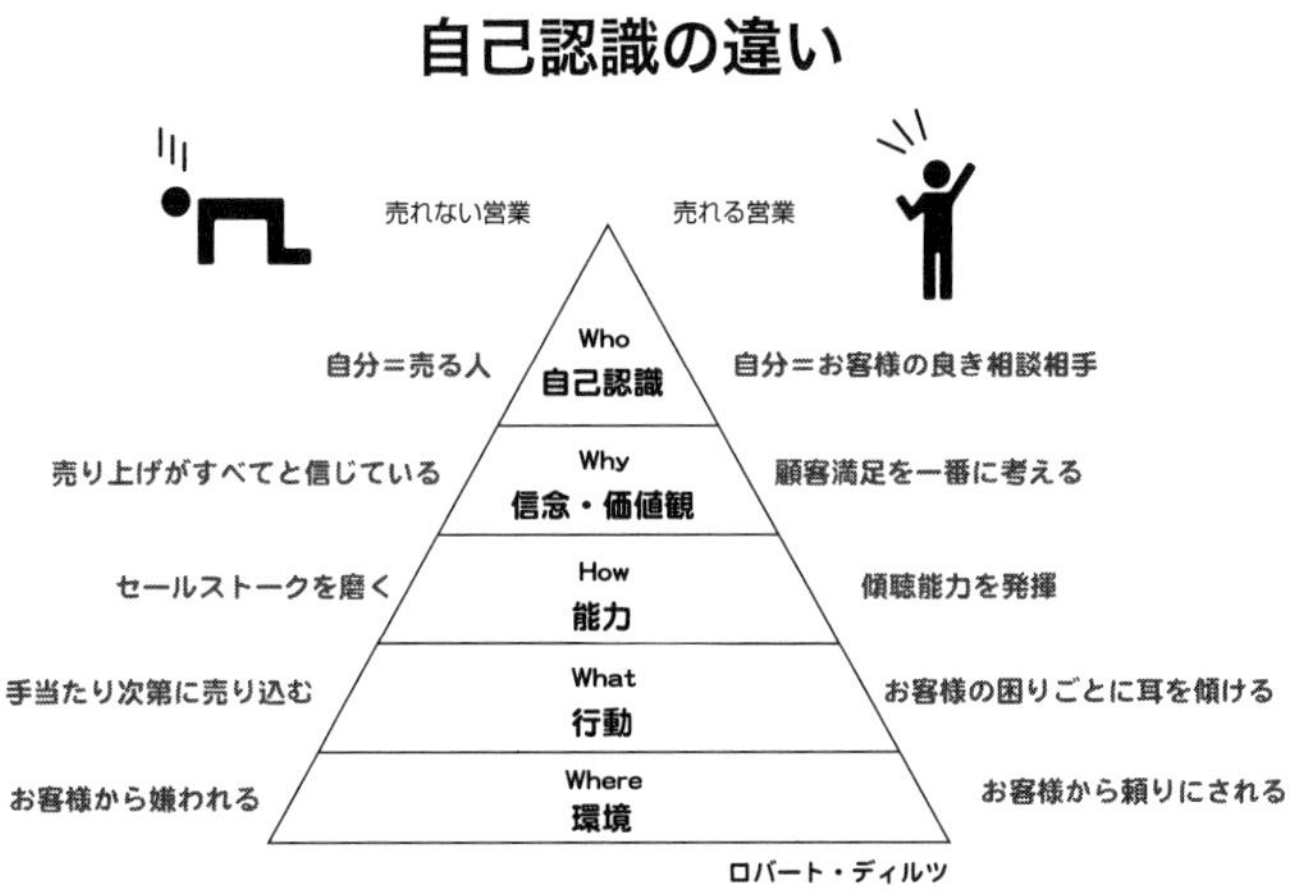

95 悩みを分解しながら聞く

人の悩みは大体、ニューロ・ロジカルレベルの環境・行動・能力の3つのレベルで表現されます。

環境レベルの悩み：「部屋が散らかっていて困っている」「体重が増えて困っている」

行動レベルの悩み：「毎回、遅刻して叱られている」「恋人を束縛してしまう」

能力レベルの悩み：「英語が話せるようになりたい」「マネジメント能力がない」

このような悩みを相談された際に、部屋が散らかっている人に片づけ本をプレゼントする。遅刻する人に目覚まし時計をかけるようにアドバイスする。英語を上達させたい人に英会話スクールを紹介するなど、悩みのレベルごとに解決策を出す場合があります。

もちろん、これで解決すればいいのですが、**その悩みが自己認識＝セルフイメージと連動している場合は、方法論だけでは解決しません。**

毎回遅刻する人のセルフイメージは低く、「自分には価値がない」と思っているから、無意識に遅刻を繰り返し、叱られて、「ほら、やっぱり怒られた。私はダメ人間だ」と自分の低いセルフイメージに合った行動をとるのです。

このように、繰り返し他者から否定される行動をとる交流分析では「キック・ミー（私を蹴ってくれ）」と呼びます。このような状態に陥っている人に、いくら行動レベルで、「目覚ましをたくさんかけてみたら？」「夜は早めに寝るのはどう？」と提案しても、遅刻癖は直りません。本人が自分のセルフイメージに気づくことが必要なのです。また、本人のセルフイメージが高まるように、相手の存在そのもの、良い点、できていることに承認を与え、セルフイメージを高めていけるサポートをすることが大切です。

だから、**相手の悩みを聞くときには、「この人の悩みは、本人が持っているどんなセルフイメージから生まれているのだろう？」と考えることが重要です。**

悩みの本質がわかれば、質問する内容も変わるからです。

相手の環境・行動・能力のどのレベルの悩みなのかを理解し、そこにとどまらず、相手の自己認識＝セルフイメージにまで思いを馳せる聞き方をすることが大切です。

相手の悩みの根源を考える！

96 罪を憎んで人を憎まず

「会話が苦手……」「つい、余計な一言を口走ってしまいそうで不安……」など、会話に苦手意識を持ってしまうのはなぜでしょう？

多くの人は会話中に一度失敗をすると「自分はうまく話せない人間だ」と思ってしまいます。また、「自分は人から誤解を受けやすい人間だ」「自分は鈍くさい」などと、否定的なセルフイメージを持っていてうまく話せない、人の話が聞けないなど能力が発揮できない場合も多いです。

そして、セルフイメージは誰かから繰り返し傷つけられたり、頻度は低くても強い衝撃を受けたりした場合に低くなりがちです。人に衝撃を与えることの1つは、叱り方です。

たとえば、子どもが台所からジュースを運んでいて、テーブルに到着する前にこぼしてしまったとき、あなたはなんと言いますか？

「何やってるの！　お前は本当に鈍くさいね！」と叱った場合、これはニューロ・ロジカルレベルの自己認識（セルフイメージ）レベルに響いています。

自己認識は脳幹に響くといわれています。脳幹とは、自律機能を直接制御している重要な部分です。体温、筋力、眠気、食欲、呼吸などの生命維持に欠かせない部分です。

だから、「お前（あなた）は……」につなげた叱り方は、相手の最も深い部分を傷つけています。では、実際に子どもが失敗したレベルはどのレベルでしょうか？

ジュースをこぼすという行動レベルでの失敗です。だから、本来なら行動だけ叱ればいいのです。「慌てて運んじゃだめよ。しっかりジュースを持って、気をつけて運ばなきゃ。今度から気をつけてね」と行動レベルだけを叱るようにすれば、子どもは「自分＝鈍くさい」という間違った自己認識を信じ込むこともなく、自分の人格、存在そのものなどの深い部分を傷つけられることはありません。

もし、**幼い頃に「自分＝鈍くさい」などの誤った自己認識を持ってしまうと、その後、運動・勉強・人付き合いにいたるまで、自分は鈍くさいという思い込みに支配され、能力を発揮できなくなる可能性があります。**

昔から、「罪を憎んで人を憎まず」という言葉がありますが、**叱るときは人格を否定するのではなく、相手の行動部分だけを叱ることが重要です。**それが、相手の未来の可能性を左右するからです。

相手の成長を潰さない！

97
カタカナ語に酔わない

「本日の『会議のアジェンダ』をご覧くださいって、『会議の計画表』じゃダメなの？」

日本語の方がわかりやすいのにカタカナ語を使われて、イラッとしたという人は意外と多いものです。

《映画館での例》

客「すみません、客席にマイボトル、水筒みたいなのを忘れてしまって……」

係員「タンブラーですか？　確認しますので、少しお待ちください」

客（水筒じゃダメなの……？）

相手が普段使っている言葉は、その人の世界観そのものです。わざわざ言い換えられると不快に感じます。だから話を聞くときは、相手と同じ言葉を使う方が得策です。**感じのいい人は、カタカナ語や専門用語は使わず、誰にでもわかる一般的な表現を使います。**できる営業も、会話の中で専門用語を出して相手の顔が曇ったら、注釈をつけて説明する、そこからは専門用語を使用しない等、**相手の反応で臨機応変に言葉を選ぶ**ことができます。

なぜ、相手がすぐに理解できないような言葉を多用する人がいるのでしょう？

それは「あなたが知らない言葉を私は知っています」とマウントをとりたいからです。

ある研究では、地位が低い・普通・高いという3つのグループに専門用語が多用された原稿か一般の人でも分かりやすい内容の原稿のどちらかを選んでプレゼンテーションを行ってもらいました。その結果、専門用語が多用された原稿を選んだのは、地位の低いグループでは41%、普通の地位のグループでは32%、地位の高いグループでは29%でした。これは、地位の低いグループは、聴衆からの評価を気にして専門用語を使い、地位の高いグループは社会的地位をあまり気にせず、わかりやすい言葉を選んだということです。

つまり、**他者評価を気にしすぎる人は、自分をよく見せようと、専門用語や難しい言葉を選びがち**なのです。哲学者キルケゴールは「人間は思想を隠すためではなく、思想を持っていないことを隠すために語ることを覚えた」と言っています。自信がないときほど、専門用語やカタカナ語などで格好をつけて話してしまうものです。だから、相手にわかりやすい言葉を選んで受け答えするためには、他者評価を気にしすぎないよう、自己肯定感を高めることも大切なのです。

わかりやすい言葉を選ぶ!

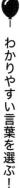

98

学ぶは真似るから

昔から、「学ぶは真似るから」といわれますが、何か上達したいことがある場合、モデル（＝すでに目標を達成している人）のしぐさや考え方、行動を真似して取り入れることは有効です。ＮＬＰ心理学では、**モデリング（観察学習）**と呼ばれます。

たとえば、英語を上達させたい場合、英語が得意な人に質問するなら、

環境レベル：上達するためにどこに身を置いたのか？（留学・スクール・仲間など）

行動レベル：具体的にどのような行動をしたのか？（通勤電車で英会話の動画を視聴したなど）

能力レベル：目標達成にどんな能力が必要か？（ヒアリング・発音、外国人に話しかける勇気など）

価値観：どんな信念や価値観を持っているか？（英語は自分の世界を広げるものなど）

自己認識レベル：目標に対してどんな役割や使命があるか（英語が得意な人、英語で日本と海外の架け橋になる人など）

スピリチュアルレベル：目標を通じて社会に対してどう貢献するか（英語を活かして自

社の製品を海外に広める、日本の良さを海外に伝えるなど)

このように、英語を上達させるという目標に対して必要な、情報や考え方を聞いていきます。その中でも重要なのは、価値観や自己認識です。そもそも、「私は英語が不得意」という自己認識を持っていたら、英語を学ぶのが苦痛になります。「私は英語が得意」と根拠のない自信を持っていた方が、効率的に学べます。

英語が得意な人は価値観として「英語は自分の世界を広げるツール」というポジティブな価値観を持っていることが多いです。そうすると、英語学習に苦痛が伴いません。海外の文化を知り、海外の人と交流することで自分の視野が広がり、人生が豊かになると信じているからです。

一方、「英語は日本ではたいして役に立たない」といった価値観を持っている人は、英語の勉強に楽しさや必要性を感じないので、身が入りません。

能力が発揮できるかどうかは、どんな価値観を持っているかが関係しています。だから、何か上達したい、学びたい分野の専門家に会ったら、やり方を聞くのではなく考え方を聞くのです。考え方がわかれば、自然とやり方も変わります。

やり方ではなく、考え方を質問し、インストールしよう!

99 聞くときは優しさを添える

妻「私、ちょっと腰が痛くって…」
夫「僕なんて、足が痛くて痛くて歩けないくらいだよ」
妻「……」

これは、共感するのではなく、なぜか自分の「しんどいアピール」をしてしまい、相手の気持ちを汲んでいない聞き方です。

タレントの上沼恵美子《かみぬまえみこ》さんはYouTubeの相談コーナーで、このような会話の際は「大丈夫か？　横になっときーな」と言ってくれたら、「それで、もう治るねん」とおっしゃっていました。

解決策や治療法の提案は望んでいないのです。ただ、自分の気持ちを受容し共感してもらい、「大丈夫か？」という言葉で思いやりを示してもらいたいのです。

カウンセリングの神様と呼ばれるカール・ロジャーズが、「傾聴することは、変化を起こす最強の力である」と言ったとおり、「腰が痛い」と言う**相手の気持ちを汲み、思いやりを示すだけで、痛みは改善されなくても気持ちが軽くなる**のです。

子どもが転んで泣いているとき、親が「痛いの、痛いの飛んでけ～」とおまじないをかけると子どもが泣きやむのは、親が自分の痛みに寄り添ってくれたのが、幼いながらに伝わるからです。

もし、「いつまで泣いているの、早く立ちなさい！」と言って共感しなかったら、子どもはもっと激しく泣き出すはずです。

ある母親が「痛いの、痛いの飛んでけ～」と手のジェスチャーで痛みの矛先を父親に向けると、父親が豪快に倒れて痛がるのを見て、子どもは泣きやみ、笑い出すと言っていました。その母親は「痛いの、痛いの飛んでけ～。を考えた人にノーベル育児賞をあげたい！」と感謝していました。

でも、本当は子どもの痛みを両親で見える化して大袈裟に共感し、子どもに笑ってほしいと願う親の愛が、子どもを泣きやませ、笑わせているのです。

傾聴は、相手への優しさとセットにすることで、相手に変化を起こすのです。

傾聴は優しさとセットにする！

100 聞くことは「薬」にもなる

友人がガンの治療中に、「うちの親は言い方がキツイから、ガンで弱っているときに話をするのはキツい。普段なら、自分も元気だから言い返せるけど、病気のときは言い返す元気もないから」と話していました。元気なときは、傾聴能力の高くない人とでも話ができます。しかし、自分が弱っているときは、聞く力が乏しい人と話すのは辛いものです。

私はガンになった当初、自宅近くの病院で手術をしました。主治医は、治療方針については語るものの、少しでも質問しようものなら途端に不機嫌になり、きつい口調で返されました。最初は一人で病院に行っていたのですが、主治医のきつい口調や態度が辛く、人に付き添ってもらうようにしていました。周りに人がいると主治医の口調が変わるからです。

病気になると心配事が増えます。でも、家族には心配をかけたくないと相談できず、友人は病気についての知識が乏しく、不用意な発言をするとこちらが傷つくので話せない。さらに、仕事関係の人に健康状態を知られると仕事を失うのでは、と考えて相談できない。主治医は怖くて病状について質問できなければ、患者はますます孤独になります。

のちに、転院した先の主治医や薬剤師の先生の傾聴能力が高くて、驚きました。患者が些細なことでも質問できる雰囲気をつくって、何でも答えてくれるのです。

私「ときどき、ピストルで撃たれたみたいに『ズキューン』って痛むことがあるんですけど」

先生「ピストルで撃たれたらもっと痛いと思うけどね（笑）」

と和やかに、症状について話してくれるので、私も楽しく病院に通うことができています。

患者は**小さな不安を「話す」ことで、心から不安を「手放している」のです。**だから、患者の話に耳を傾けることは、薬を飲む前から、心が軽くなるという「効き目」があります。

「聞く」ことは「効く」ことなのです。薬だけが病を癒やすものではありません。耳を傾けるという聞く力が人を癒やすのです。

今は、傾聴訓練を受けた看護師が患者の悩みを聞く、専門のケアを行うところも増えています。しかし、生きるか死ぬかの瀬戸際に、昨日今日会った人に病気や人生の悩み相談はできないものです。だから、大切な人がとても苦しんでいるとき、あなたが相手の心に寄り添って話を聞くことができれば、大切な人の心を癒やし、救うことができるのです。

「聞く」ことは「効く」こと！

おわりに

最後までお付き合いいただき、ありがとうございます。

話の聞き方は野球の「守備」と「打撃」なら、「守備」だと思っていた方が多いのではないでしょうか？

実際は聞き方こそ「打撃」です。

どんな相槌を打つのか、どんな質問をするのかで、話の広がりも深まりもまったく変わってくるからです。会話の主導権＝イニシアチブは聞き手が握っています。会話を弾ませるのも、自分の欲しい情報を得るにも、自分の聞き方次第だからです。

「あの人、なんか感じいいよね」と言われる人は聞き上手な人です。相手を見て、その人に関心を持ち、良いところを見つければ、自然と笑顔になることができます。作り笑顔は必要ありません。だから、あなたが疲れ果てることもありません。

あなたは、多くの人から様々な知識・経験・感情を聞くうちに、視野が広くなり理解が深まるので、人や出来事から気づきを得ることができます。すると人生に深みが出ます。

多くの人の話が聞けるということは、他者を受け入れる自分の器が広がったということです。

自分の器が広がると、良いときだけではなく、ダメなときの自分も受け入れられるようになります。すると失敗が怖くなくなり、何にでもチャレンジすることができます。そして、必要以上に自分を責めることがなくなるので、自己肯定感が上がります。自己肯定感が上がると、他人の過ちを許し、より多くの人やその人生を受け入れられるようになります。すると、あなたの人生において、嫌いな人より好きな人の方が圧倒的に多くなります。好きな人に囲まれて生きることができるのは、幸せなことではないでしょうか？

この本も、あなたが聞く力を得て多くの人を幸せにし、そしてあなた自身も幸せになることを願って書きました。傾聴の力があなたを守り、あなたの人生を輝かせますように。

藤本梨恵子

著者からのお知らせ

本書をお読みいただきありがとうございました。
心理学や人とのコミュニケーションについて興味を持っていただけたら幸いです。

私のHPやSNSでは、夢や恋の叶え方、素敵な人間関係の作り方などをテーマに、心理学の活用方法をお伝えしています。
あなたの好きな方法で気軽につながってください。

小さな気づき、ちょっとしたコツ、自分自身や周囲の人の心を知ることで、あなたの人生がもっと輝くことでしょう。

藤本恵理子オフィシャルサイト
https://fujimotorieko.com/

☆ オフィシャルサイト ☆

ISBN978-4-7569-2105-5

なぜか好かれる人がやっている 100の習慣

藤本 梨恵子 著

B6判　240ページ

本体 1500円+税

多くの人から好かれる人がいます。でも彼ら、彼女らは、意識的に好かれようとしているわけではありません。毎日の振る舞いやちょっとした仕草が皆をひきつけるのです。マインドフルネス、NLP、コーチング、カウンセリング、カラーセラピーなどを学んだ著者だからこそ書ける「人間関係の教科書」です。

［著者］
藤本梨恵子（ふじもと・りえこ）

ファイン・メンタルカラー研究所代表
米国NLP協会認定NLPマスタープラクティショナー
国家資格 キャリアコンサルタント
産業カウンセラー
パーソナルカラーアナリスト
カラーセラピスト

愛知県生まれ。10年以上デザイナーを経験。当時月130時間を超える残業のストレスで前歯が折れる。この時期に友人の死も重なり、「幸せな生き方とはなにか？」を考え、本格的にキャリアカウンセリングや心理学を学ぶ。

NLP心理学を中心にコーチング、カウンセリング、マインドフル瞑想などの手法を習得し統合。その手法を生かし、キャリアカウンセラー・講師として独立。各企業・大学・公共機関の講演の登壇数は2000回を超え、婚活から就活まで相談者数は1万人を超えている。

コーチング、パーソナルカラー、カラーセラピスト、骨格診断ファッションアナリスト等のプロ養成講座の卒業生は500人を超え、個人診断においては1000人を超える。

【著書】『なぜか好かれる人がやっている 100の習慣』『なぜかうまくいく人の気遣い100の習慣』（明日香出版社）『いつもよりラクに生きられる50の習慣』（かんき出版）

☆オフィシャルサイト☆

藤本梨恵子オフィシャルサイト　https://fujimotorieko.com/

なぜか感じがいい人の聞き方　100の習慣

2023年 2 月 19 日　初版発行
2023年 3 月 7 日　第10刷発行

著　　者　藤本梨恵子
発 行 者　石野栄一
発 行 所　明日香出版社
〒112-0005　東京都文京区水道2-11-5
電話　03-5395-7650（代表）
https://www.asuka-g.co.jp

印刷・製本　シナノ印刷株式会社

　ISBN 978-4-7569-2253-3